Der Daxei

Sepp Daxenberger (1962 – 2010)

Lebenszeugnisse

Der Daxei

Sepp Daxenberger (1962 – 2010)

Lebenszeugnisse

„Was alles passiert is, des gherat aufgschriebn für die Kinder, die kennan jetz no net alles verstehn. Wenns aufgschriebn waar, kanntn s es spater amal verstehn."
Die Mutter

Der Daxei
Sepp Daxenberger (1962 – 2010)
Lebenszeugnisse

Gestaltung: Wolfgang Wallner

ISBN 978-3-934785-62-5

Vorwort

„Ich hätte ihn gerne früher kennengelernt und mich gern später von ihm verabschiedet", sagte Barbara Stamm bei der Trauerfeier für Sepp Daxenberger in der Waginger Pfarrkirche. Die Präsidentin des Bayerischen Landtags drückte etwas aus, was viele Trauergäste so empfanden. Der nicht nur in Waging, sondern überall und in ganz Bayern bekannte und beliebte Politiker starb viel zu früh, im Alter von nur 48 Jahren, am 18. August 2010. Sein Tod wurde und wird von vielen Menschen betrauert.

Was bleibt, ist die Erinnerung.

Dieses Buch ist ein Versuch, der Erinnerung an Sepp Daxenberger in Texten und Bildern eine persönliche Gestalt zu geben. Es ist keine Biographie, die ein Leben nacherzählt, Werk und Wirken analysiert und in der sein politisches Handeln bewertet wird. Nein, hier kommt der Sepp noch einmal selbst zu Wort: In Texten, die er im Lauf von dreißig Jahren selbst formuliert, verfasst, vorgetragen hat und die sein Denken und Fühlen, sein Reden und Handeln dokumentieren. Dabei handelt es sich nicht etwa um eine wissenschaftliche Dokumentation mit Anspruch auf Vollständigkeit und erklärenden Fußnoten, sondern um ein Lesebuch, mit einer Auswahl an Texten, die geeignet erschienen, den Zweck zu erfüllen: Vor Augen zu führen, was diesen Menschen angetrieben und bewegt hat, welches seine wesentlichen Gedanken und Anschauungen waren.

Die Anordnung der Texte erfolgt chronologisch und ist unterteilt in vier Lebensphasen, sodass sich daraus eine Lebenslinie mit entscheidenden Wegmarken ergibt. Zur Orientierung sind jedem Kapitel grundlegende Ereignisse und Daten seines Lebens vorangestellt.

Wer das Glück hatte, Sepp Daxenberger persönlich zu kennen, dem gibt die Lektüre Gelegenheit, persönliche Erinnerungsbilder wiederaufleben zu lassen. Aber auch wer ihn nicht persönlich kannte, kann sich auf diese Weise, so unsere Hoffnung, ein Bild machen. Mit den Texten aus der Jugendzeit kann sogar der Wunsch, ihn

„früher kennengelernt zu haben", wenigstens noch nachträglich und zumindest ein Stück weit, erfüllt werden.

Es bleibt aber nicht nur die Erinnerung, sondern auch der Blick nach vorn: Vielleicht kann die Lektüre dieses Buches jungen Menschen als Anregung und Vorbild dienen, „über den Tellerrand hinauszuschauen" (ein Lieblingswort von Sepp) und zeigen, dass es lohnt, sich in der Gesellschaft zu engagieren.

In Waging wurde Sepp Daxenberger „der Daxei" genannt – und dieser Buchtitel deutet darauf hin, dass es vor allem ein Waginger Daxenberger-Buch ist. Ein Text-Schwerpunkt liegt daher weniger auf seiner Arbeit im Landtag und mehr auf den zwölf Jahren seiner Amtszeit als Waginger Bürgermeister. Beim Lesen wird aber bestimmt schnell deutlich, dass das, was er „seinen" Bürgerinnen und Bürgern zu sagen hatte, nicht nur für die Menschen vor Ort von Interesse und Aussagekraft ist.

Die Familie Daxenberger hat uns Einblick in den Nachlass gewährt, umfassend Auskunft gegeben und so dieses Buch ermöglicht und nach Kräften unterstützt. Den Eltern Resi und Sepp, den Schwestern Resi und Martina sowie den Söhnen Felix, Kilian und Benedikt gilt unser herzlicher Dank.

Ebenfalls danken wir Hermann und Maria Eschenbeck, Hannes Höfer, Christl Krautenbacher, Ina Lambach (Alt-Neuöttinger Anzeiger), Wolfgang Wörner, Heike Talhammer, Josef Göpperl, Günter R. Müller, Elke Held, Ulrich Kühn, Friederike Muggenhamer (Gewerbliche Berufsschule Traunstein), Dr. Jiri Pavelka (Südostbayerische Rundschau), Claudia Roth, Max Stadler (Berufs- und Technologiezentrum Traunstein), Hans Stalleicher, Barbara Stamm, Hans Urbauer, Hans Well, Hans Eder sowie der Marktgemeinde Waging am See für Auskünfte und freundliche Unterstützung.

Heike Mayer
Hans Mayer

Kapitel 1

„Ruhe sanft, oh liebe Jugend"

Die frühe Zeit bis 1981

1

„Ich bin aufgewachsen in einem kleinen Dorf, dessen Einwohner vorwiegend von der Landwirtschaft leben. Auch meine Eltern haben einen Bauernhof, auf dem ich jetzt bereits arbeite und den ich einmal übernehmen werde.

Im Herbst 68 kam ich in die Volksschule Waging. [...] Ich war wohl zu der Zeit eher ein Einzelgänger, was mir jedoch nie langweilig wurde, denn zuhause auf dem Bauernhof oder im Wald fand ich stets geeignete Spielplätze. Im Herbst 74 mußte ich in die Realschule nach Traunstein gehen ..."

So schrieb der 19-jährige Sepp Daxenberger in seinem Antrag auf Anerkennung als Kriegsdienstverweigerer. „Ich musste auf die Realschule nach Traunstein gehen" – schwingt darin nicht unausgesprochen mit „Lieber wäre ich in Waging geblieben ..."? Es würde zu ihm passen.

Wie auch immer, er hat sich auf allen Schulen, die er später besuchte, gut zurecht gefunden. „Ein hilfsbereiter und freundlicher Schüler, der für seine Einsatzbereitschaft besonderes Lob verdient", heißt es etwa in einem Schulzeugnis über den 17-Jährigen. Nach erfolgreichem Abschluss an der Staatlichen Realschule für Knaben in Traunstein 1978 absolvierte er eine Ausbildung zum Schmied beim Schmiedemeister Stefan Steinmaßl in Petting, einem Nachbarort seiner Heimatgemeinde Waging am See, Landkreis Traunstein. Die Lehrzeit dauerte zwei Jahre, bis 1981. In dieser Zeit besuchte er die Berufsschule in Traunstein und begann, sich politisch zu engagieren. Bereits mit 16 fing er an, beim „Forum Ökologie Traunstein" mitzumachen, einem parteilich nicht gebundenen Zusammenschluss von Menschen, die durch Öffentlichkeitsarbeit ein Bewusstsein für die Belange des Umweltschutzes wecken wollten. „Unser Anliegen, die Menschen über Missstände aufzuklären

Der elterliche Hof in Nirnharting, Waging

Der Geschwister Resi, Martina und Sepp

Buchhandlung Rumpel in der Scheibenstraße in Traunstein

und praktische Alternativen aufzuzeigen, hat Sepp mit innerer Überzeugung und jugendlicher Begeisterung mitverfolgt und zum Teil mitgemacht", berichten die Gründer Maria und Hermann Eschenbeck. Auch in späteren Jahren und als Bürgermeister von Waging unterstützte er das Forum Ökologie - sei es bei Ausstellungen, für die er handwerkliche Arbeit beisteuerte, sei es auf Veranstaltungen wie dem ersten Solarfest in Traunstein 1996, das er mit einer begeisternden Rede eröffnete (siehe Bild Seite 56).

Er und andere „Umweltbewegte" trafen sich in den Jahren 1979/80 in der neu eröffneten Buchhandlung von Ulrich Rumpel in der Traunsteiner Scheibenstraße. In dieser Zeit erwachte auch seine Begeisterung für die Partei der Grünen, die in Bayern offiziell im Herbst 1979 gegründet wurde. In den Räumen der Buchhandlung wurde heftig diskutiert und lautstark gestritten. Außenstehende argwöhnten, dass Drogen im Spiel gewesen seien. Das stimme aber nicht, erinnert sich der Buchhändler heute, er habe den jungen Leuten damals nur Tee und Kaffee angeboten. Weil er wusste, dass Sepp Schmied war, bat er ihn, einen schmiedeeisernen Ausleger für sein Geschäft anzufertigen. Das Motiv wählte der Buchhändler selbst aus: „Das chinesische Yin-Yang-Zeichen, ein Symbol der Polarität, des Gegensatzes und zugleich der Einheit. Der Sepp hat das sehr dezent gemacht, für die Scheibenstraße genau richtig. Man kann es auf den ersten Blick nicht gleich erkennnen ..." Es war sein Gesellenstück.

An der Berufsschule wurde er Schulsprecher und 1978 Mitbegründer, Autor und Redakteur einer Schülerzeitung. Die Arbeit am „Wecker" setzte bei ihm eine vielfältige schriftstellerische Produktivkraft frei: Er verfasste Gedichte, die alles andere als „poetische Jugendsünden" sind, vielmehr auf einem bemerkenswerten sprachlichen und inhaltlichen Niveau eine ernstzunehmende politische Aussagekraft entfalten; zum Teil humvorvoll, zum Teil gefühlvoll, aber niemals kitschig. Daneben schrieb er programmatische und gesellschaftskritische Beiträge, etwa zum Thema „Bionahrung" (Text 8). Auch religiöse Texte, etwa ein „Gebet", finden sich darunter, auch sie stets politisch-kritisch akzentuiert. Der Sepp war schon damals eine auffällige Erscheinung und ein besonderer Mensch, darin sind sich Lehrer und Kollegen von damals einig. In die Schule ging er barfuß und mit Lederhose, und genau so trat er auch als Redner auf der Abschlussfeier auf; zum Fasching kam er mit grüngefärbten Haaren. Bei Diskussionen mit seinen Lehrern lernte er das Argumentieren. Sein rhetorisches Talent war unverkennbar.

Und – zum Erstaunen aller, die ihn erst später kennen lernten als jemand, der angeblich (auch nach eigenen Aussagen) wenig Beziehung zu diesem Thema besaß: Er engagierte sich auch für Kultur, gehörte 1979 zu den Initiatoren der „Traunsteiner Kulturtage" an der Berufsschule. Begleitend erschien dazu eine Sonderausgabe der Schülerzeitung, der „Kulturwecker". „Leid hörts zua, es brauchts de Kultur", verkündete er im „Editorial": „Wir sind eine Gruppe, die ihre Aktivitäten im Sinne von Verantwortung auszurichten versucht … Das Verantwortungsgefühl wird mit viel Erfolg von Obrigkeit, Lehrern und Eltern verdrängt, oder man läßt es erst gar nicht entstehen. […] Auch unsere Gruppe wird bei dem Versuch, Verantwortung auszuüben, behindert und gestört. Aber wenn wir auch durch diese Behinderungen zurückgeworfen werden oder neu beginnen müssen, so löst dies doch bei dem Großteil der Gruppe die Gewißheit aus, auf dem richtigen Wege zu sein. Aus dieser Gewißheit heraus steigen wir auch dieses Jahr in den Ring und veranstalten vom 30. April bis 3. Mai [1981] zum dritten Mal die Traunsteiner Kulturtage."

In dieser selbstbewusst formulierten Passage fällt kaum zufällig das Wort, das zeitlebens eine Art Schlüsselwort für Sepp Daxenberger war: „Verantwortung". Aus dem Gefühl der Verantwortung stellt er sich zur Wahl und übernimmt politische Ämter. Und als Bürgermeister appelliert er später immer wieder an die – gerade auch jungen – Menschen, selbst Verantwortung zu übernehmen.

Der „Wecker", der zeitweise eine Auflage von 3000 Exemplaren erreichte, wurde im März 1981 zur „besten Schülerzeitung Deutschlands" gekürt. Der Wettbewerb war vom Jugendmagazin „Junge Zeit" ausgeschrieben worden, und die Jury bestand aus namhaften Journalisten: Reinhard Appel (Chefredakteur beim ZDF), Peter Boenisch (Die Welt), Helmut Markwort (Gong) sowie Rudolf Mühlfenzl (Bayerisches Fernsehen). Eine Abordnung der 20-köpfigen Wecker-Redaktion durfte nach Bonn reisen, wo sie unter anderem die Redaktion der Tageszeitung „Die Welt" und die Bayerische Landesvertretung besuchten und in der Villa Hammerschmidt von Bundespräsident Karl Carstens empfangen wurden. Sepp Daxenberger war bei dieser Reise allerdings nicht dabei. Ein Glückwunsch-Schreiben von Bundesminister Björn Engholm wurde im Wecker abgedruckt, mit einer Karikatur und einer witzigen Überschrift versehen (Text 9).

Der „Kulturwecker" sollte, nach den Worten von ‚Chefredakteur' Daxenberger, „eine Zeitung sein, die nicht nur genaue Informationen zu den Veranstaltungen bringt, sondern auch Gedichte und Fotos, die wir schön finden und die uns gefallen, die unsere Ängste, Sorgen und Hoffnungen ausdrücken und den Leser zu leisem Verstehen veranlassen sollen ...". Dieses Ansinnen – die Ängste, Sorgen und Hoffnungen auszudrücken, der eigenen Person, aber auch die seiner Generation – erfüllen die Gedichte von Sepp auf dichte, anschauliche Weise. Das macht sie bis heute lesenswert (Texte 1–7).

Die Gedichte wurden damals nicht nur abgedruckt, sondern zum Teil auch vertont und gesungen (etwa von der Rockband GRTZLPFTZ), und Sepp Daxenberger trug sie bei Gelegenheit auch selbst öffentlich vor. Überliefert ist beispielsweise ein Auftritt beim damaligen Gasthof Reiter in Obing (heute Kleinkunstbühne „Beim John") um das Jahr 1981 herum, wo ihm rund hundert junge Zuhörer gebannt zuhörten. „Der Sepp machte nicht viel Aufhebens", erinnert sich Hans Stalleicher, Musiker bei GRTZLPFTZ, „er kam auf die Bühne, zog sich den Stuhl heran und wartete bis es ruhig wurde. Dann trug er vier, fünf seiner Texte vor und es herrschte eine ernste, andächtige Stimmung. Dann drehte er sich lachend um und bedeutete uns, dass er fertig sei und wir wieder weitermachen können."

1

MEI KLOANA DRAAM

A Menschnlebn zählt iatz wieda
Koa Chef schreit mehr an Diena nieder
Koa Nega-Baby hod mehr Hunga
Üba de oidn Grenzen derf a jeda umma

De Rentna und Kinda sann wieda Leit
Da Haß is furt, ganz weit
De Waffn homms im See versenkt
Es gibt koan Menschn mehr,
Der nur an sich seaba denkt

Was is denn des iatz bloß für a Krach?
Es is mei Wecka - I BIN WACH!

Text: Sepp Daxenberger

2

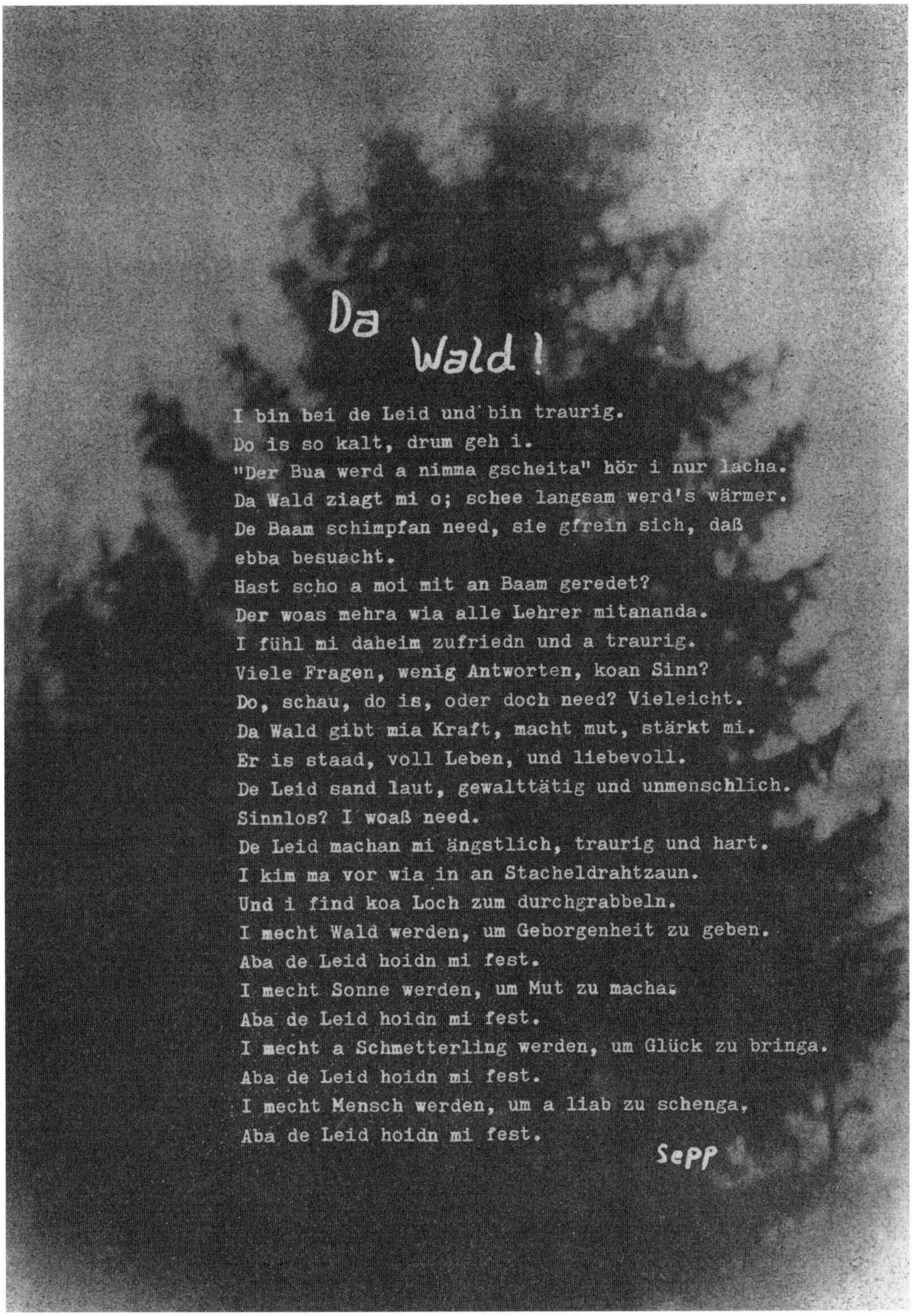

Da Wald!

I bin bei de Leid und bin traurig.
Do is so kalt, drum geh i.
"Der Bua werd a nimma gscheita" hör i nur lacha.
Da Wald ziagt mi o; schee langsam werd's wärmer.
De Baam schimpfan need, sie gfrein sich, daß
ebba besuacht.
Hast scho a moi mit an Baam geredet?
Der woas mehra wia alle Lehrer mitananda.
I fühl mi daheim zufriedn und a traurig.
Viele Fragen, wenig Antworten, koan Sinn?
Do, schau, do is, oder doch need? Vieleicht.
Da Wald gibt mia Kraft, macht mut, stärkt mi.
Er is staad, voll Leben, und liebevoll.
De Leid sand laut, gewalttätig und unmenschlich.
Sinnlos? I woaß need.
De Leid machan mi ängstlich, traurig und hart.
I kim ma vor wia in an Stacheldrahtzaun.
Und i find koa Loch zum durchgrabbeln.
I mecht Wald werden, um Geborgenheit zu geben.
Aba de Leid hoidn mi fest.
I mecht Sonne werden, um Mut zu macha.
Aba de Leid hoidn mi fest.
I mecht a Schmetterling werden, um Glück zu bringa.
Aba de Leid hoidn mi fest.
I mecht Mensch werden, um a liab zu schenga,
Aba de Leid hoidn mi fest.

Sepp

3

Kinderglück

(Hans im Glück)

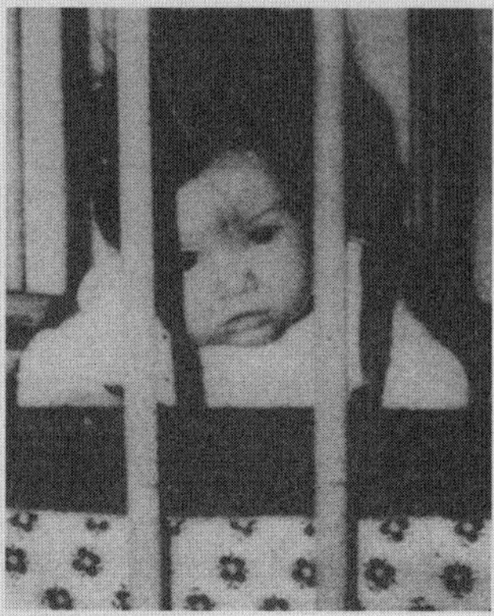

Schau, der gloane Mund.
Sogt nu dees, wos a moand.
„Geh Hansi, red koan so schmarrn!"
Schau, de gloana Augn.
Schaun se ois gnau o.
„Geh Hansi dees vastehst du nu need!"
Schau, de gloana Ohren.
Kenan nu so guat zuahörn.
„Vaschwind Hansi, dees is nu nix füa di!"
Schau, de gloana Hend.
Mechten'd nu sovui schaffen.
„Einga weg Hansi, mach nix kaputt!"
Schau, de gloana Fiaß.
Steing ganz wacklig umananda.
„Steh stramm Hansi, zum Marschiern werds!"

Sern

4

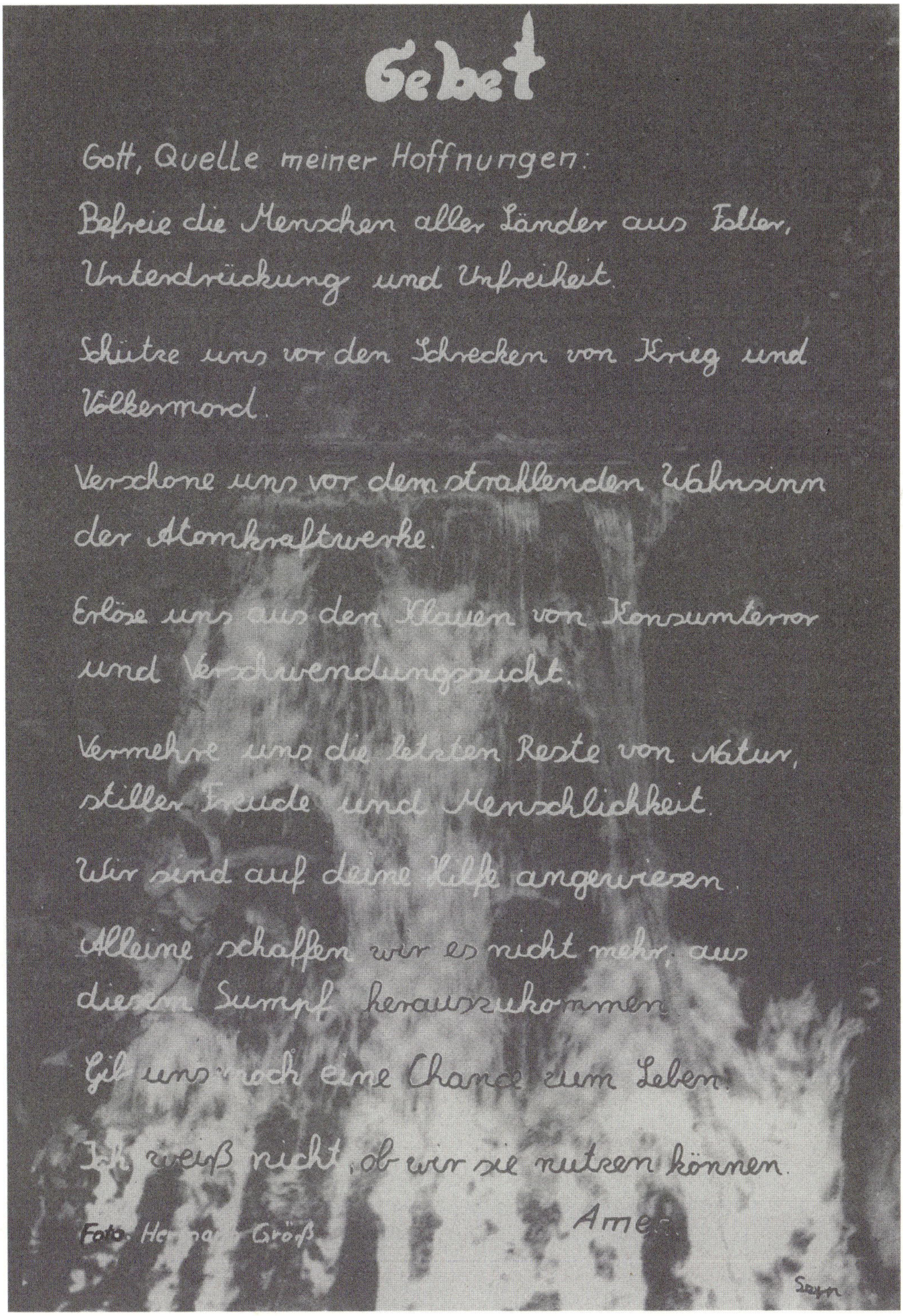

Gebet

Gott, Quelle meiner Hoffnungen:

Befreie die Menschen aller Länder aus Folter, Unterdrückung und Unfreiheit.

Schütze uns vor den Schrecken von Krieg und Völkermord.

Verschone uns vor dem strahlenden Wahnsinn der Atomkraftwerke.

Erlöse uns aus den Klauen von Konsumterror und Verschwendungssucht.

Vermehre uns die letzten Reste von Natur, stiller Freude und Menschlichkeit.

Wir sind auf deine Hilfe angewiesen.

Alleine schaffen wir es nicht mehr, aus diesem Sumpf herauszukommen.

Gib uns noch eine Chance zum Leben.

Ich weiß nicht, ob wir sie nutzen können.

Amen

Foto: Hermann Größ

Sepp

5

Ich Träume
Ich träume...
..von Kraft, die mich leitet.
..von Stimmen, die mich trösten.
..von Wegen, die mich ans Ziel bringen.
..von Augen, die mich verstehen.
..von Licht, das mich führt.
..von Händen, die mich streicheln.
..von Freiheit, die mich atmen läßt.
..von Worten, die mich erfreuen.
..von Hoffnung, die mich erreicht.
..von Gemeinschaft, die mich wärmt.
..von Leben, das mich erfüllt.
Sepp

6

Ruhe sanft, oh liebe Jugend!

(Selbstkritik)

Do ko ma soweso nix macha, de doan ja doch wos wolln.
Wos versteh denn i vo dera Sach?
Wos kennan denn do mia kloana Leid midren?
Uns gehts doch eh so guad.

Das sind ständig wiederkehrende Meinungen, auch bei jungen Menschen, über unsere Gesellschaft, unser Leben, unsere Politik.

Ja, uns gehts wirklich gut. Wir werden gut versorgt. Man kann sich schon einiges leisten. Auto, Fernseher, Diskotheken, Alkohol, Zigaretten, Schlaftabletten.
Wir werden gut versorgt!
Aber fehlt da nicht etwas?
Warum san dann de Leut immer noch unzufrieden? Zumindest in den innersten und geheimsten Gedanken fühlt man sich nicht ganz wohl.
Sei still und konsumiere weiter!
Denn wenn jemand seine Gedanken ausspricht und sagt, was anders gemacht werden müßte, was ihm nicht paßt, der kriegt eins auf den Deckel. Denn wozu aufmotzen, uns gehts ja eh so guat.
Was die ständig [steigende] Zahl von Selbstmördern und Drogenabhängigen beweist.

Oberstes Lebensziel ist Geld und Reichtum.

Auf diese Formel läßt sich wohl unsere Erziehung und Ausbildung bringen. Und alles, was auf dem Weg zu diesem Lebens[ziel] hindert und aufhält, ist schlecht und verwerflich. Also auch nachdenken, zweifeln und kritisieren.

Sei still und konsumiere weiter!

Daß es schlecht ist, etwas zu sagen, merken junge Menschen sehr schnell. Unserer Gesellschaft gelingt es sehr leicht, die Jugendlichen stillzuhalten. Mit Werbesprüchen, die einem ständig ins Gehirn eingehämmert werden (Klingle Dich frei, der Rauch von Freiheit und Abenteuer), und Geld (das zur Freiheit unbedingt notwendig ist), werden die eigenen Gedanken weggejagt und genügend Ersatzleistungen angeboten.

Unsere Generation, also auch ich und du, bildet sich anscheinend zum konsumierenden Duckmäusertum.
Wir jammern zwar, daß das Benzin ständig teurer wird, es ist aber kaum interessant, wieviele Menschen täglich verhungern (De brauchan bloß was arbeitn, dann hams a wos zum Essen!), oder ob jemand in seiner Traurigkeit keinen Ausweg findet.

Wann wehren wir uns? Wann wehren wir uns gegen unsere Gleichgültigkeit?
Wir lassen uns vorschreiben, in welchen Kleidern wir besonders chic aussehen, welche Musik gerade besonders „fetzig" ist, welche Getränke besonders jugendlich sind, welches Rasierwasser besonders männlich ist.
Wir lassen uns unsere Gedanken, unsere Lebensziele, unsere Wertvorstellungen, unser Leben vorschreiben.
Wann lassen wir uns vorschreiben, welche Menschen getötet werden, welche Völker keine Lebensberechtigung mehr haben?

Wos versteh denn i scho vo dera Sach? De andern wissen des bessa wia i.
Wir sind froh, keine Verantwortung übernehmen zu müssen. Wir wälzen unsere Entscheidungen auf andere ab.

Wir sind nicht mehr fähig, Entscheidungen über unsere eigenen Angelegenheiten selbst zu treffen.
Wir haben es nie gelernt. Man will es uns nicht lehren.
Denn diese Art von Selbständigkeit würde unseren Autoritäten etwas von ihrem Glanz nehmen.

In der Schule wird dieses Autoritätsdenken und -anerkennen in das Gehirn jedes Einzelnen eingeimpft, wo es dann für immer seinen festen Platz hat.

Der Schüler fragt, ob er aufs Klo gehen darf, ob er ein Fenster aufmachen darf. Der Lehrer fragt, ob er mit der Klasse einen Ausflug machen darf, ob er einen kranken Schüler gehen lassen darf. Der Direktor fragt, ob er dieses Plakat aufhängen lassen darf, ob er diese Schüleraktivitäten zulassen darf.

Auch in unserer Schule sind sehr viele Lehrer davon überzeugt, daß auch der letzte Tropfen Selbständigkeit aus den Schülerhirn[en] gepreßt werden muß. Somit wird eben jede Aktivität, die über das Berufsleben hinausgeht, als Staatsfeindlichkeit oder zumindest als unnötig und aufrührerisch abgestempelt.

Somit wird also unsere Schülermitverantwortung zu einer „Anarchistischen Kinderstube", unsere Schülerzeitung zu einer „DDR-Zeitung", der Schülersprecher zu einem „Terroristenfreund" und „alternativen Spinner", die SMV-Mitglieder zu einem „schlampigen und revolutionären Haufen".

Bei so vielen guten Eigenschaften ist es natürlich nicht verwunderlich, daß sich die Schüler lieber etwas zurückhalten mit Meinungen, Verbesserungsvorschlägen und Aktivitäten. Was soll aber aus einer Generation werden, bei der teilweise bereits eine Meinungsbildung verhindert wird, teilweise diese Meinung erstickt und in Konsumieren abgewandelt wird?

Kann der Konsum uns retten?
Welchen Weg soll ich wählen? Rauschgift?
Schlaftabletten?
Unterwerfung und nachgeben?
Das läßt man mich selbst entscheiden.
Habt Dank für diese Erziehung zur Selbständigkeit!

Wie lange ist es her, daß eine Autorität entschieden hat, was das Volk denkt. Diese Autorität hat Schrecken und unzähliges Leid verursacht.
Die neue Autorität muß nicht eine Person sein, sie kann auch bestehen aus Angst und Bürokratie.

Wir müssen uns wehren!
DIE ZEIT IST DA!

Sepp

7

Aus is!
Leer und sinnlos is worden.
Wohin?
Wos doa?

D' Hand hods ma nu druck'd und ois guade gwunsch'n.
Dann is ganga.
Mehra war nimma zum song.

Aba jetzt, wo i so dositz, bricht ois zamm.
Jetzt, wo i koan mehr erzählen ko wos i deng,
und jetzt, wo nehma mia koana mehr sitzt,
jetzt duats erst richtig weh.

Bleibt ma grod nu de Erinnerung.
Und i selbst.

Wohin?
Wos doa?
Unta Leid geh?
Liaba need!

A Kerz'n ozündn und staad hoid'n.
Vakriacha.
Ganz diaf eineschaun in mi selbst.
Bis da Schmerz nochloßt.

Übrig bleibt Angst.
Und diafe Traurigkeit.

Dankschön, vui Glück.

Und i?
Weidastolpern!

Sepp

8

„Bionahrung" – Was ist das?

In unserer heutigen Wirtschaftsstruktur, der die Ideologie des „unbedingten Wirtschaftswachstums" zugrunde liegt, werden riesige landwirtschaftlich nutzbare Flächen eingemauert und asphaltiert.

Allein im letzten Jahr 1979/80 wurde in der Bundesrepublik Kulturlandschaft von der Fläche des Bodensees durch Straßen und Gebäude vernichtet.

Dieser Verlust animiert die Landwirte, noch mehr Kunstdünger auf die Felder zu bringen, da ja sonst die fehlende Fläche einen Produktionsverlust zur Folge hätte.

Durch die gesteigerte Düngung nimmt aber die Schädlingsanfälligkeit der Obst- und Gemüsesorten zu, eine forcierte Anwendung der Schädlingsgifte ist somit unvermeidlich. Die Folgen sind, daß die Giftkonzentration unserer Nahrungsmittel immer stärker wird. Welche Auswirkungen diese steigenden Giftkonzentrationen für unseren Organismus haben, ist noch nicht abzusehen.

Um diesen Selbstmord um des Wachstums willen Einhalt zu gebieten, haben sich viele Landwirte entschlossen, Obst- und Gemüsesorten ohne jegliche künstlichen Dünge- und Schädlingsbekämpfungspräparate anzubauen.

Daß diese biologisch angebauten Nahrungsmittel nicht frei von chemischen Rückständen sind, ist klar. Zu groß ist die Umweltbelastung durch Säureregen, Autoabgase, Fabrikschlote und chemische Abfallprodukte, die sich in den Pflanzen absetzen. Allerdings sind diese Rückstände um ein vielfaches geringer, und das rechtfertigt schon diese arbeitsintensive Art des Landbaus.

Für mich gibt es aber noch einen weitaus wichtigeren Grund, auf unserem Hof einmal biologisch zu wirtschaften.

Der Boden hat Jahrtausende lang die Menschheit ernährt und sollte dies auch in den nächsten Generationen schaffen. Das jedoch wird kaum mehr möglich sein, wenn diese ständige Ausbeutung und Vergewaltigung unseres Bodens nicht bald aufhört. Bestürzende Meldungen aus Gegenden, in denen man schon längere Erfahrungen mit dieser intensiven Bodenausbeutung hat, (z.B. Gebiete in Norddeutschland) zeigen, daß der Boden diesen großen Belastungen irgendwann nicht mehr standhält.

Aber auch bei uns gibt es sehr viele Bauern, die jedes Jahr mehr Kunstdünger streuen, um in etwa das gleiche Ergebnis zu erhalten. Für mich ist dieser Boden vergleichbar mit einem Heroinsüchtigen. Auch dieser muß ständig mehr spritzen, um die gleiche Wirkung zu erzielen. Das Ende ist voraussehbar.

Ich bin der Meinung, daß die erste Aufgabe für uns Bauern ist, das Land, das seit Generationen weitervererbt wurde, zu erhalten und weiterzugeben an unsere Nachkommen. Ich glaube aber, daß man die Schuld an diesem Raubbau an unserem Boden nicht den Bauern geben darf. Jahrelang wurden sie von unseren Politikern und Massenmedien als „altmodisch" hingestellt. Als schließlich mit staatlichen Subventionen eine Preispolitik im Sinne der Chemiekonzerne betrieben wurde, war jeder überzeugt, daß diese moderne Landwirtschaft dem Bauernstand zugute komme.

In diesem Zusammenhang ist es wahrscheinlich interessant zu wissen, daß für einen Landwirt der Einsatz von Kunstdünger und künstlichen Futtermitteln vom Staat mit großen Geldmitteln unterstützt wird. Im freien Wettbewerb wäre die Produktion dieser energieträchtigen Mittel so teuer, daß kein Landwirt an deren Einsatz Interesse hätte.

Nun hört man immer wieder, daß in der heutigen Zeit bei soviel Hunger in der Welt eben sehr viele Nahrungsmittel produziert werden müßten, was uns nur durch den Einsatz von Chemie gelinge. Dabei wird den biologischen Bauern unterstellt, weniger zu produzieren als andere Landwirte.

Durch den Einsatz von natürlichem Dünger, wie Urgesteinmehl und Kalk, indem der Mist durch Kompostierung verbessert wird, Belüftung der Gülle, richtige Frucht- und Anbaufolge auf den Feldern, und nicht zuletzt durch Beachtung der kosmischen Einflüsse auf Natur und Pflanze, gelingt es einem interessierten, engagierten, biologischen Bauern, annähernd diese Ernteergebnisse zu erzielen, wie herkömmlich produzierende Bauern.

Den Hunger in der Dritten Welt zu bekämpfen ist theoretisch eine einfache Sache. Doch wenn Macht und Kapital, deren Sprecher die Politiker wohl sind, kein Interesse haben, diesen Hunger zu bekämpfen, wird die Sache unendlich schwierig.

Einige Zahlen, die ich hier aufführen will, sollten uns eigentlich zu denken geben.
In Brot (also Getreide) muß 1 Kalorie hineingesteckt werden, um 1 Kalorie zu erhalten. In ein Stück Fleisch müssen 7 Kalorien hineingesteckt werden, um 1 Kalorie zu erhalten. Bei Geflügel ist das Verhältnis sogar 1:12.

Der größte Teil der auf der Welt verfügbaren Nahrungsmittel geht also beim Veredelungsprozeß von Pflanzen zu Fleisch verloren.

Wenn man dann bedenkt, wieviele Mastbetriebe in den letzten 30 Jahren entstanden sind und daß viele dieser Mastbetriebe ihre Tiere mit Sojabohnen aus der Dritten Welt füttern, ist der Satz, daß wir alle am Hunger anderer Schuld sind, nicht mehr so abwegig.

Sepp

9

Bundestag jetzt auch wach!

BJÖRN ENGHOLM MdB
BUNDESMINISTER
FÜR BILDUNG UND WISSENSCHAFT

5300 Bonn - Bad Godesberg, den 19. 5. 1981
Heinemannstr. 2
Fernruf (02 28) 57 20 00

Lieber Sepp Daxenberger,

von meinem Kollegen im Bundestag, Hermann Schätz, bin ich auf den "Kulturwecker" aufmerksam gemacht worden. Einen herzlichen Glückwunsch für die gesamte Redaktion!

Ich freue mich, daß gerade die Schülerzeitung einer Berufsschule ausgezeichnet wurde. Ihr Eintreten für "mehr Kultur" ist für mich besonders überzeugend.

Viel Glück beim "Weidastolpern"!

Ihr [Unterschrift]

Kapitel 2

„Voll in Fahrt und dabei ja nicht die Bodenhaftung verlieren"

Politische Stationen
1982 – 1995

2 Mit seinen Aktivitäten als Schülersprecher auf der Berufsschule hatte Sepp Daxenberger Aufmerksamkeit erlangt – unter anderem auch bei der örtlichen CSU, die sich darum bemühte, ihn für sich zu gewinnen. Doch er sagte ab und entschloss sich stattdessen, Mitglied bei den Grünen zu werden. Das war 1982. Im Jahr darauf übernahm er sein erstes Partei-Amt, Pressesprecher beim Grünen-Kreisverband Traunstein.

Nach seiner Anerkennung als Kriegsdienstverweigerer (Text 10) bemühte er sich um eine Zurückstellung seiner Einberufung zum Zivildienst im Herbst 1982, um die Landwirtschaftsschule besuchen zu können. Dies wurde jedoch abgelehnt, und so trat er seinen Dienst zum 2. November bei der Arbeiterwohlfahrt in Traunreut an, wo er im Mobilen Sozialen Hilfsdienst tätig war. Seine Dienstzeit endete am 19. Februar 1984.

Im Vorfeld der Kommunalwahl 1984 formierte sich in der Marktgemeinde Waging am See erstmals eine „Grüne Liste" mit 15 Kandidaten (neun Männer, sechs Frauen), angeführt von „Sepp Daxenberger, Schmied/Landwirt." Die Broschüre, die Kommunalwahlprogramm und Kandidaten präsentiert, erschien in gedruckter Form, trägt aber

Anfänge der Waginger Grünen im Winter 1983 (von links): Markus Holzmüller, Helmut Kraller, Dr. Ursula Kulike, Alois Krautenbacher (1953–2011), Heini Maierhofer, Susanne Hösl, Sepp Daxenberger, Fritz Krautenbacher (1955–2006), Peter Hösl, Johann Pertl.

Mit Freunden: Willi Geistanger, Franz Gineiger

unverkennbar Sepps Handschrift. „Wir wollen versuchen, in den kommenden 6 Jahren das Gemeindeleben mitzubestimmen, indem wir neue Ideen und frischen Schwung in den Gemeinderat bringen. Wir wollen keineswegs behindern und stören, sondern Mithilfe und Mitarbeit stehen für uns im Vordergrund."

An erster Stelle steht programmatisch „Mehr Information und Mitbestimmung für die Waginger Bürger" (Text 11). Weitere Themen sind unter anderem eine verbesserte Jugendarbeit (etwa durch den Einsatz eines Jugendreferenten), ein „Direktprogramm zur Rettung des Waginger Sees" (um die Verschmutzung insbesondere durch Phosphat einzudämmen), Leitlinien für zukünftige Bautätigkeit (um eine Zersiedelung der Landschaft zu verhindern), Verkehrs- und Ortsplanung (Tempo 30-Forderung) und natürlich Umwelt- und Naturschutz. Vieles von dem, was der spätere Bürgermeister von Waging verwirklicht hat, findet sich hier, zwölf Jahre vor seinem Amtsantritt, bereits postuliert. Oder andersherum gesagt: Vieles von dem, was hier theoretisch gefordert wird, hat er später als Bürgermeister tatsächlich auch umgesetzt. Der Spruch „Was kümmert mich mein Geschwätz von gestern" mag auf manchen Politiker zutreffen – auf Sepp Daxenberger nicht.

Auch für den Kreistag Traunstein wird erstmals eine Grüne Liste aufgestellt, auch hier mit ihm als Spitzenkandidat. Das Wahlprogramm, das er zu diesem Zweck formuliert, ist erstaunlich differenziert und ausgereift (mit 16 maschinenschriftlichen Seiten aber zu umfangreich, um es hier zu dokumentieren). Umwelt- und Naturschutz, Belange der Land- und Forstwirtschaft und Gewässerschutz sind wesentliche, aber nicht die einzigen Themen und stehen gleich zu Anfang. Allem voran aber steht auch hier die Forderung nach Einführung von mehr Demokratie in den Kommunen (Text 12).

1984 wurde der 22-Jährige als erster (und einziger) Grüner in den Waginger Gemeinderat gewählt. Auch in den Kreistag wurde er gewählt. Hier wie dort war er das jüngste Mitglied des Gremiums, was ihn jedoch nicht daran hinderte, Sprecher der Kreistagsfraktion zu werden. Die Erfahrungen, die er in der Kommunalpolitik machte, waren ernüchternd. Im Waginger Gemeinderat, wo die CSU die absolute Mehrheit hatte, nahm den Neuling niemand ernst. „Warum lasst ihr den immer reden?", fragte ein Waginger Gemeinderatskollege damals. „Wir wissen doch eh, wie wir abstimmen." Ein anderer sagte ihm vertraulich: „Du hast schon recht mit Deinem Standpunkt. Aber ich kann nicht mit Dir stimmen, weil ich eben zu den anderen gehöre." Es gab persönliche Anfeindungen und anonyme Anrufe, unter denen auch die Eltern zu leiden hatten. Sechs Jahre später resümierte er im Wahlkampf: „Die zähl- und messbaren Erfolge sind sehr gering. Trotzdem war es im Nachhinein betrachtet doch notwendig und wichtig. Denn unsere Siege sind nicht das Gewinnen von Abstimmungen, sondern das Ingangbringen von Umdenkungsprozessen." Die Zeit sollte ihm recht geben.

Für den Gemeinderat Waging trat Sepp Daxenberger 1990 nicht wieder an, wohl aber für den Kreistag. Hier kandidierte er sogar für das Amt des Landrats. In der Lokalpresse stand dazu: „Gründe für seine Kandidatur leitete er aus einer Kritik an der bisherigen Arbeitsweise des Kreistages ab. Die Kreisräte, so Daxenberger, seien im allgemeinen viel zu wenig engagiert und für anfallende Entscheidungen oft nur unzureichend informiert. Ein Sitz im Kreistag werde vielfach als Repräsentationszweck mißbraucht. Zudem verstecke der Kreistag seine Entscheidungen immer mehr hinter der Verwaltung und den sogenannten Fachleuten, wo doch bürgernahes und eigenverantwortliches Handeln angesagt wäre. […] (Traunsteiner Tagblatt 1990) (Text 13).

Mit Gertraud

Zum Landrat wurde er nicht gewählt; er zog aber 1990 wieder in den Traunsteiner Kreistag ein. Und nicht nur das.

Inzwischen war Sepp Vater geworden: Der erste Sohn, Felix, war im Sommer 1990 auf die Welt gekommen. Im Herbst heiratete Sepp seine Frau, Gertraud Huber; die kirchliche Trauung folgte fünf Monate später. Zu dieser Zeit führte er bereits seit fünf Jahren den elterlichen Betrieb – einen Bauernhof mit damals 13 Hektar Nutzfläche und Milchvieh, den er nach den Richtlinien von Bioland bewirtschaftete. Drei Semester lang, von 1984 bis 1986, hat er die Landwirtschaftsschule in Traunstein besucht. Auch hier engagierte er sich – „Er hat sich als Schulsprecher bewährt", wurde ihm im Abschlusszeugnis attestiert. Während er weiter als Schmied arbeitete, besuchte er 1987/88 die Meisterschule und war anschließend als Ausbilder für die fachpraktische Ausbildung von Fachoberschülern tätig. Den Meisterbrief bekam er allerdings nicht ausgehändigt, denn er kam nicht dazu, sein Meisterstück anzufertigen. Etwas war dazwischengekommen: ein Landtagsmandat. Nach der Landtagswahl im Oktober 1990 zog er als Abgeordneter der Grünen in den Bayerischen Landtag ein. „Das Meisterstück hebe ich mir für die Rente auf", sagte er damals.

Die Grünen in Bayern waren 1986 erstmals im Bayerischen Landtag vertreten. Jetzt, vier Jahre später, konnten sie zwölf Abgeordnete stellen, einer davon war Sepp Daxenberger. Er wurde jugendpolitischer und agrarpolitischer Sprecher der Fraktion. Der 28-Jährige trat selbstbewusst auf und erregte bald Aufmerksamkeit, sorgte mit seiner unkonventionellen Art sich zu kleiden und Dialekt statt Hochdeutsch zu reden für Belustigung, Unmut oder Empörung (je nach Fraktionszugehörigkeit und persönlicher Sympathie). Einige Szenen aus dem Plenum verdeutlichen diese Anfangszeit (Texte 14–16). Erinnerungen an seine erste Zeit im Landtag hielt er später in Form unterhaltsamer Geschichten fest, wovon „Die gestohlenen Würste" ein Beispiel geben (Text 17). 2007 trug er unter anderem diesen Text erstmals öffentlich vor, als er einer Einladung zu einer Lesung nach Dinkelsbühl ins Café am Münster folgte (Bild rechts).

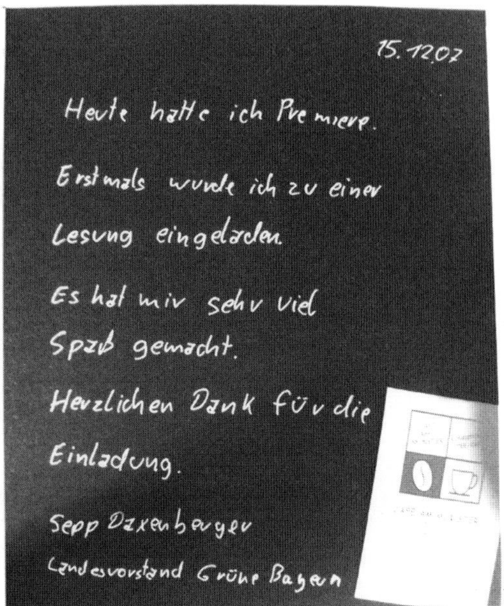

Im Februar 1993 wurde der zweite Sohn, Kilian, geboren. Für die Südostbayerische Rundschau beantwortete Sepp im Sommer einen Fragebogen, in dem er über sich selbst persönliche Auskunft gibt (Text 18). Ausführlicher hat er seine Erfahrungen als Berufspolitiker in der Landespolitik in einem Text festgehalten, der sich im Nachlass befindet. Das ist ein berührender Text, ein freimütiges Bekenntnis, das wesentliche Charaktereigenschaften zum Vorschein bringt und zeigt, wofür Sepp Daxenberger von so vielen Menschen geschätzt wurde: frei von Dünkel, mit einer kämpferischen Grundhaltung, voller Selbstzweifel, zugleich aber von unerschütterlichem Optimismus und vor allem: immer ehrlich und unverstellt. Ein Text, der die Persönlichkeit zum Leuchten bringt (Text 19).

Auch Witz und Schlagfertigkeit gehörten zu seinen hervorragenden persönlichen Merkmalen: Als der Landtags-Präsident den frischgebackenen Abgeordneten wegen seiner Kleidung rügte – Sepp Daxenberger sehe aus, als käme er gerade aus dem Kuhstall –, erwiderte er: „Mir san Leut lieber, die ausschauen, als kämen sie frisch aus dem Stall als frisch vom Versicherungsbetrug."

Sein Freund Hans Urbauer erinnert sich: „Er war a sehr feinfühliger Mensch, auch wenn er es nach außen oft nicht gezeigt hat. Die vielen Attacken im Landtag gingen ihm schon ziemlich unter die Haut. Bei

seiner ersten Rede im Landtag hat einer gerufen, er solle sich erst einmal richtig anziehen, nicht wie im Kuhstall. Das hat ihm weh getan. Er hat zwar sofort gekontert, aber das hat ihn ziemlich fertig gemacht."

Am 9. Februar 1994 machen sich 52 Waginger Bauern aus Protest gegen die Agrarpolitik der Bayerischen Staatsregierung auf den Weg, um Sepp Daxenberger im Landtag eine Mistgabel zu überreichen, damit er „den Amigo-Saustall ausmistet" (Bild links). Sie wollten den Oppositionspolitiker auf diese Weise als einen „der letzen glaubwürdigen Vertreter ihres Standes im Bayerischen Landtag" ehren. Zu der geplanten Zeremonie im Landtagsgebäude kam es allerdings nicht; die Polizei hielt die Bauern auf und beschlagnahmte das „gefährliche Instrument". Der Ältestenrat missbilligte anschließend die Mistgabel-Verleihung, was Sepp wiederum zu einer bissigen Presse-Mitteilung veranlasste (Text 20).

Trotz aller Einsicht in die Begrenztheit der Möglichkeiten, als Oppositionspolitiker etwas zu bewirken, kandidierte er 1994 erneut für den Landtag (Text 21). In dieser Zeit ereignete sich etwas, was das positive Bild von Sepp Daxenberger in der Öffentlichkeit nachhaltig prägte: Das Jugendmagazin der Süddeutschen Zeitung („Jetzt") lud die jugendpolitischen Sprecher der vier Landtags-Fraktionen nacheinander in den Biergarten ein und inszenierte jedesmal am Nebentisch einen Streit, bei dem ein Jugendlicher fremdenfeindliche Pöbeleien gegen eine junge farbige Frau ausstieß. Wie würden die Politiker reagieren? Kurz vor der Landtagswahl deckte die „Jetzt"-Redaktion ihr Spiel auf und veröffentlichte das Resultat. Von vieren hatte Sepp Daxenberger den Test bestanden – als einziger. Jahre später schilderte er die Begebenheit noch einmal aus seiner Sicht (Text 22).

Bei der Landtagswahl im September 1994 wurde Sepp Daxenberger wieder ins Parlament gewählt. Er kämpfte weiter um das Überleben der bäuerlichen Landwirtschaft in Bayern, setzte sich für den Erhalt kleiner Bauernhöfe ein, warnte vor der Abhängigkeit vom Subventions-Tropf infolge einer verfehlten Politik: „Dann bekommen die Bauern Lederhosen und Dirndl subventioniert und werden zur Erhaltung der Kulturlandschaft auf die Wiese gestellt." Als argrarpolitischer Sprecher der Grünen-Fraktion hielt er am 28. April 1995 im Rahmen der haushaltspolitischen Beratungen eine Rede zum Agrarhaushalt, in der er mit der Landwirtschaftspolitik der Staatsregierung abrechnet; ein Beispiel für die Redegewalt des Politikers (Text 23).

10

30.1.[1982]

An den Prüfungsausschuß für Kriegsdienstverweigerer beim Kreiswehrersatzamt München

Meinen Antrag auf Anerkennung als Kriegsdienstverweigerer gemäß Art. 4 Abs. 3 des Wehrpflichtgesetzes begründe ich wie folgt:

Ich bin aufgewachsen in einem kleinen Dorf, dessen Einwohner vorwiegend von der Landwirtschaft leben. Auch meine Eltern haben einen Bauernhof, auf dem ich jetzt bereits arbeite und den ich einmal übernehmen werde.

Im Herbst 68 kam ich in die Volksschule Waging. Bereits zu dieser Zeit konnte ich mich nicht mit den Spielen meiner Schulkameraden anfreunden. Raufereien, Cowboyspielen und Kriegsspielen versuchte ich aus dem Weg zu gehen, ich spielte viel lieber mit Mädchen meines Alters.

Ich war wohl zu der Zeit eher ein Einzelgänger, was mir jedoch nie langweilig wurde, denn zuhause auf dem Bauernhof oder im Wald fand ich stets geeignete Spielplätze.

Im Herbst 74 mußte ich in die Realschule nach Traunstein gehen, die ich 1978 mit dem Abschluß der Mittleren Reife verließ. Anschließend begann ich eine Lehre als Schmied, die ich im Herbst 81 mit gutem Ergebnis abschloß.

Während meiner Ausbildung besuchte ich die Gewerbliche Berufsschule in Traunstein, wo ich zwei Jahre Schülersprecher war. Diese zwei Jahre waren für mich sehr wichtig. Ich fand einen neuen Freundeskreis, und wir arbeiteten sehr aktiv in der Schülermitverantwortung. Wir erkannten und diskutierten Mißstände und versuchten gleichzeitig etwas dagegen zu tun.

Während meiner Zeit als Schülersprecher veranstalteten wir neben den üblichen Aktivitäten Konzerte für die Erdbebenopfer in Italien, für Somalia, für die Sahelzone. Wir gestalteten Traunsteiner Kulturtage, mehrere Gottesdienste und einen Weihnachtsbasar.

Außerdem erarbeiteten wir Schülerzeitungen, womit wir 1980 zur besten Schülerzeitung Deutschlands gewählt wurden, wobei ich der Chefredakteur dieser Zeitung war.

Ich habe diese Beispiele aufgezählt, um zu zeigen, daß unsere Interessen und Aktivitäten sehr vielseitig waren und über das schulische Leben hinausgingen.

Mein Interesse an gesellschaftlichen politischen Vorgängen führte dazu, daß ich, sooft ich Gelegenheit dazu hatte, bei Diskussionen, Vorträgen und Versammlungen aller möglichen Parteien, Gruppen und Verbände zu finden war. Dadurch erreichte ich meines Erachtens eine grundsätzliche Vorstellung, wie ich mein zukünftiges Leben gestalten will und muß.

Mit der Bundeswehr und der Möglichkeit eines Zivildienstes wurde ich zum ersten Mal vor etwa vier Jahren in der 10. Klasse Realschule konfrontiert. Damals mußten bereits ältere Mitschüler zur Musterung, von denen einer den Kriegsdienst verweigerte.

Ich hörte damals zum ersten Mal von der Möglichkeit, den Kriegsdienst zu verweigern.

Damit begann für mich eine Zeit, in der ich stets versucht habe, alles Mögliche über Zivildienst und Bundeswehr zu erfahren. Zunächst beschränkte ich mich auf Gespräche mit Zivildienstleistenden und Wehrdienstleistenden. Durch diese Kontakte wurde ich auf einige Gruppen aufmerksam gemacht, die sich mit der Problematik beschäftigten. So arbeitete ich einige Zeit in der Traunsteiner Friedensgruppe mit und trat 1979 der Deutschen Friedensgesellschaft (DFG) bei, deren Grundsatz lautet: „Der Krieg ist ein Verbrechen an der Menschheit. Ich bin daher entschlossen, keine Art von Krieg zu unterstützen und an der Beseitigung aller Kriegsursachen mitzuarbeiten." Zu meiner Mitgliedschaft in der DFG will ich anmerken, daß ich durchaus nicht mit allem einverstanden bin, was an Aktivitäten und Meinungen von den Führungspersonen ausgeht. Ich bin hauptsächlich beigetreten, um eine Quelle zu haben, aus der ich über Kriegsdienstverweigerung Informationen bekommen kann.

Ein Hauptgrund meiner Kritik an der DFG ist, daß in der DFG nicht auf religiöse Punkte in der Friedensdiskussion eingegangen wird. Denn mein Glaube an Jesus Christus, mein Glaube an das Gute und Gerechte führten mich zu meiner Gewissensentscheidung, den Kriegsdienst zu verweigern. Mein großes Vorbild ist Jesus Christus, nach dessen Worten und Taten ich stets versuche, mein Leben auszurichten. Die Bibel, mein Gefühl und Gespür dienen mir als Wegweiser.

Jesus Christus hat uns vorgelebt, wie wir Menschen nebeneinander in Friede und Freude leben können. Und dazu sind keine Waffen und Armeen notwendig, im Gegenteil, sie behindern und verhindern eine Einigung der ganzen Welt unter Jesus Christus, der Gerechtigkeit und Liebe symbolisiert.

„Alle Menschen sind gleich." Das ist das erste Menschenrecht der UN und ist in der Bibel immer wieder eine selbstverständliche Ausage, denn nur so läßt sich ein Leben mit Gott vorbereiten. Doch wir, ich meine damit die Menschen in den überentwickelten Industrieländern, tun so, als wären wir etwas Besonderes, und nennen uns doch zu einem Großteil Christen. Nicht genug, daß wir im Überfluß und Luxus leben, wo die Menschen an Übergewicht, Haltungsschäden und Suchtmitteln erkranken, so werden auch noch riesige Summen und Energien dafür ausgegeben, einen Rüstungsapparat aufzubauen, mit dem man unsere schöne, von Gott geschaffene Welt gleich viele Male zerstören kann. Ich muß dabei stets an die vielen Menschen denken, denen es am nötigsten fehlt, die verhungern, verdursten, erfrieren, in Gefängnissen sterben, die doch eigentlich unsere Brüder sein sollen. Ich komme mir bei diesem Gedanken immer sehr schlecht vor und merke doch, wie ohnmächtig ich dieser Ungerechtigkeit gegenüberstehe.

Deshalb versuche ich so zu leben, wie es für alle Menschen in den Überflußländern notwendig wäre, um eine Gerechtigkeit und Gleichheit unter den Menschen zu erreichen, die Gott von uns Christen erwartet und verlangt. Dazu gehört für mich ganz besonders die Verweigerung des Kriegsdienstes, denn der Krieg ist menschenverachtend, brutal und löst Angst und Schrecken aus. Gott erwartet von einem Christen genau das Gegenteil und Jesus Christus hat es uns vorgelebt. Denn nicht zum Hassen und Kämpfen leben wir auf unserer Welt, sondern zum Lieben.

Aber bereits zu Friedenszeiten kann ich das Dienen in der Bundeswehr vor meinem Gewissen und vor Jesus Christus nicht verantworten. Denn damit würde ich mich einverstanden erklären mit all dem Schaden an der Menschheit und der Welt, die die Rüstung bereits zu Friedenszeiten anrichtet. Mehr als die Hälfte aller Wissenschaftler und Forscher auf der Welt arbeiten im Auftrag der Militärs und Kriegsministerien. Diese hochbegabten und gelehrten Personen könnten sehr viel Gutes auf dem Gebiet des Umweltschutzes und dem Welthunger erforschen und erfinden.

Unmengen von Geld und Energie wird für einen Militärapparat auf der ganzen Welt verschwendet, der doch nie der Menschheit zugute kommt, sondern im Gegenteil sich auf deren Vernichtung und Zerstörung vorbereitet. Diese Energien und Arbeitskräfte könnten eine Welt schaffen, die gerecht und ohne Not ist.

Doch solange die verantwortlichen Politiker in Ost und West nur an den eigenen Wünschen und Vorstellungen interessiert sind, solange wird es Krieg und Not geben. Und diese Kriege werden nicht von Politikern geführt, sondern von Soldaten. Ohne Soldaten ist kein Krieg möglich. Deshalb will und kann ich kein Soldat werden und deshalb bete ich zu Gott, daß die Menschen auf der ganzen Welt diesen Satz verstehen und nicht mehr länger den Politikern blind folgen, sondern endlich auf die Worte Gottes hören. Denn das Volk hat nie einen Krieg gewollt, es muß den Krieg nur erleiden und für die Fehler und Ausdehnungsgelüste ihrer sogenannten Führer töten und selbst getötet werden.

Als meine Schwester vor zwei Jahren ein Kind erwartete, haben wir sehr viel miteinander gesprochen, über die Freuden des Lebens, über das Glück, Leben zu schenken. Und wir haben gesprochen über die Angst, die wir beide haben. Die Angst, die ausgelöst wird von Bomben, Raketen und von marschierenden Soldaten. Kann man sich da noch am Leben erfreuen, kann man es da noch verantworten, Kinder in die Welt zu setzen? Oder dürfen wir das Glück nicht mehr erfahren, gesunden Kindern das Leben zu schenken?

Ein Sozialpfarrer hat einmal zu mir gesagt, daß es bei gleichbleibenden Rüstungsanstrengungen gar keinen Krieg geben muß, um ein Unglück auszulösen. Denn in einigen Jahrzehnten könnten die Menschen den Spannungen nicht mehr standhalten. Und noch ein Satz, den er gesagt hat, erscheint mir sehr wichtig und wahr: „Einmal wird es zum Krieg kommen, den keiner gewollt hat."

Aus diesen hier ausgeführten Gründen bitte ich Sie, meinem Antrag stattzugeben und mich als Kriegsdienstverweigerer anzuerkennen.

11

Aus dem Grünen-Programm für die Kommunalwahl 1984

Mehr Information und Mitbestimmung für die Waginger Bürger.

Für uns ist es sehr wichtig, daß in Zukunft der Informationsfluß von der Gemeinde, sei es Verwaltung oder Gemeinderat, zum Bürger verbessert wird.

Gemeindeanzeiger

Wir werden uns dafür einsetzen, daß in Waging ein Gemeindeanzeiger aufgebaut wird, der regelmäßig und kostenlos an alle Haushalte verteilt wird. Gruppen, Vereine, Einzelpersonen und die Gemeinde haben dadurch eine Möglichkeit, in Waging auf Veranstaltungen und Geschehnisse hinzuweisen, Entscheidungen anzukündigen und zu erklären.
Wir als Grüne Gruppe in Waging sind bereit, die Verantwortung für diese Zeitung zu übernehmen, und werden, falls der Gemeinderat unseren Vorschlag ablehnt, versuchen, in Eigenverantwortung solch eine Zeitung aufzubauen.
In vielen Gemeinden, auch kleineren als Waging, hat sich ein Gemeindeanzeiger bewährt.

Informationsblätter

Wenn wichtige Themen, die alle Gemeindebürger betreffen, zur Entscheidung anstehen, muß die Gemeinde vorher die Bürger über den Sachverhalt aufklären.
Z.B. wäre es längst an der Zeit, zum Thema Ringkanal Waginger See — Seesanierung, ein Informationsblatt zu erstellen.
Die Grünen werden regelmäßig ihre Stammtische abhalten, bei denen der Grüne Vertreter im Gemeinderat Rechenschaft über die geleistete Arbeit abgibt.

12

Aus dem Grünen-Programm für die Kreistagswahl 1984

Mehr Mitbestimmung für den Bürger – Direkte Demokratie

Wir fordern die Einführung von mehr Demokratie in den Kommunen!

Direkte Demokratie heißt: Mehr Bürger am politischen Entscheidungsprozess teilnehmen zu lassen.

Wir haben uns daran gewöhnt, anstehende Aufgaben an Mandatsträger zu delegieren, ohne auf deren Entscheidungen Einfluß nehmen zu können. Diese Situation zu verändern ist eine der Grundanliegen Grüner Politik, denn eine Demokratie lebt von der Beteiligung und dem Engagement seiner Bürger.

In der Bayerischen Verfassung in Artikel zwei heißt es: „Bayern ist ein Volksstaat. Träger der Staatsgewalt ist das Volk. Das Volk tut ihm seinen Willen durch Wahlen und Abstimmungen kund. Mehrheit entscheidet."

Die Bayerische Verfassung sieht also ganz klar die Elemente der direkten Demokratie durch Abstimmungen des Volkes vor.

Die Grünen setzen sich deshalb für die Einführung eines Bürgerentscheides auf Gemeinde- und Landkreisebene ein. Der Bürgerentscheid gibt den Bürgern die Möglichkeit zur direkten Abstimmung über wichtige Belange im eigenen Wirkungsbereich, zum Beispiel Straßenbau und Wohnungsbau. Der Bürgerentscheid ist das Instrument für demokratisch denkende und handelnde Bürger, sich an Gemeinde- und Kreisangelegenheiten zu beteiligen. Außerdem fördert es das Demokratieverständnis des einzelnen, wenn ein Mitspracherecht in Sachfragen gegeben ist. *Die Politik in Gemeinde und Landkreis muß durchschaubarer werden!*

Weitere Möglichkeiten dorthin:
Die Gemeindegebietsreform soll in den Gemeinden rückgängig gemacht werden, in denen gewachsene Einheiten aufgelöst wurden. Die Zentralisierung hat keine Einsparungen gebracht und die Gemeinde vom Bürger getrennt. Frühere Gemeinden sollten deshalb wieder selbständig werden. Beispiele: Traunstein-Kammer, Traunreut-Traunwalchen-Stein, Seeon-Seebruck-Truchtlaching.

Die Information der Bürger muß verbessert werden. Vertreter haben mehr als bisher Rechenschaft zu geben und Vorschläge anzunehmen. Bei wichtigen Entscheidungen müssen durch Veranstaltungen oder Informationsbroschüren den Bürgern die Möglichkeit der eigenen Entscheidungsfindung gegeben werden.

Bürgerentscheid – Ein wichtiger Schritt in der Entwicklung zu mehr Demokratie!

Nur eine gelebte Demokratie ist eine dauerhafte Demokratie!

13

Kandidatur als Landrat 1984, Wahlplakat

14

Szenen aus dem Landtag 1991

Erster Vizepräsident Möslein: Ich eröffne die Aussprache. Erste Wortmeldung der Herr Abgeordnete Daxenberger.

Daxenberger (Die Grünen): Herr Präsident, Kolleginnen und Kollegen! Im Februar letzten Jahres [1990] zog über Bayern a Sturmkatastrophe bisher nicht gekannten Ausmaßes hinweg. Vieles spricht dafür, daß des die ersten Auswirkungen, vielleicht auch nur die ersten Anzeichen einer drohenden Klimakatastrophe san,

(Zuruf von der CSU: Der hat die Hemdsärmel hochgekrempelt!
Abgeordneter Hiersemann: Meinen Sie, daß die Ausführungen anders werden, wenn er die Ärmel runter tut?)

hervorgerufen durch unseren ausbeuterischen Umgang mit unseren Lebensgrundlagen.

(Unruhe)

– Beruhigt's euch, seid's friedlich, dann dauert's net so lang.

Der Schaden in den Wäldern is immens. I kenn mehrere Waldbauern, denen in einer Nacht ihre gesamte Lebensernte zerstört wurde, denen ihre Arbeit von vielen Jahrzehnten kaputtgmacht worn is.

[...]

Mit der von uns beantragten Darlehensgewährung wird sichergestellt, daß die dringend notwendigen Maßnahmen sofort und einigermaßen kostenneutral durchgeführt werden, damit die Bauern und Waldbesitzer nicht mehr ohnmächtig den teilweise schamlos auftretenden Holzhändlern ausgliefert san.

(Beifall bei den Grünen – Fortgesetzte Unruhe und Glocke des Präsidenten)

– Wenn's no stad seid's, dann derft's vielleicht morgen amoi von meiner Wurscht probiern.

(Heiterkeit – Fortgesetzte Unruhe und Zurufe – Glocke des Präsidenten)

Erster Vizepräsident Möslein: Darf ich doch bitten, daß der Geräuschpegel wieder abgesenkt wird, damit der Redner seine Rede fortsetzen kann!

(Zuruf von der CSU: Wir verstehen nichts!)

– Die Akustik ist natürlich auch deshalb so schlecht, weil eine so große Unruhe im Saal ist. Das liegt nicht etwa an der Resonanz der Kleidung des Herrn Abgeordneten Daxenberger. Bitte, fahren Sie jetzt fort!

Daxenberger (Die Grünen): Des liegt hoffentlich a net, Herr Kollege, an meiner Aussprache, weil, i bin der Meinung, mir san im Boarischen Landtag und da wern mir ja noch hoffentlich einigermaßen Mundart reden dürfen.

(Abgeordneter Niedermayer: Dagegen sagt niemand nix, aber gegen seinen Aufzug haben wir was!)

– Wenn eahna mei Aufzug net gfallt, könna mir uns an a anderen Stelle unterhalten. Aber ich bin der Meinung, daß i a Vertreter des Volkes bin und nicht das ganze Volk so aufgeputscht rumlaft.

(Abgeordneter Niedermayer: Ah, geh zua, a bisserl a Gspür muaß man no hom!)

Ich fahr jetzt mit meinen Ausführungen fort, wenn's recht war.

[...]

15

Szenen aus dem Landtag 1991

Daxenberger (Die Grünen): Jungen Müttern empfiehlt der ehemalige bayerische Umweltminister, ihre Kinder an schönen Sommertagen einfach im Haus zu lassen, weil es versäumt worden ist, etwas gegen die ständig steigende Ozonbelastung zu unternehmen, ganz zu schweigen von der Dioxinbelastung der Muttermilch, des ersten und wichtigsten Nahrungsmittels für Babys, wo sich die Fachleute letztlich nur noch darüber streiten, wie lange man das Stillen überhaupt noch empfehlen kann,

(Zurufe von der CSU)

– Wenn Sie etwas fragen wollen, dann gehen Sie ans Mikrophon! Sonst verstehe ich nichts, weil hier schon fast tumultartige Szenen herrschen,

(Lachen bei der CSU – Abg. Christian Knauer: Was verstehen Sie unter „Tumult"?)

obwohl ich mir das bei einem so kleinen Haufen von Zuhörern nicht vorstellen kann.

(Abg. Diethei: Denken Sie an die Franken und an die Schwaben!)

– Ich habe Ihnen schon das letzte Mal gesagt: Wir sind im Bayerischen Landtag, und da wird man wohl noch ein bißchen Mundart reden dürfen.

(Frau Abg. Hiersemenzel: Im Bayerischen Landtag! Ich verstehe es nicht!
Abg. Christian Knauer: Die Franken vor allem!
Frau Abg. Hiersemenzel: Wir sind aber nicht im oberbayerischen Landtag!
Abg. Christian Knauer: Sie sind nicht Bezirksrat von Oberbayern!)

– Wir in der Fraktion haben keine Probleme, uns zu verständigen.

(Frau Abg. Scheel: Ich verstehe ihn auch!)

– Wenn ihr mehr hinhören und weniger dazwischenreden würdet, hättet ihr bestimmt auch keine Probleme.

[...]

16

Daxenberger (Die Grünen): Glaubt Ihr denn wirklich nicht, daß das [Bürgerentscheid auf kommunaler Ebene] die demokratischen Formen wären, die gerade den jungen Leuten das Gefühl geben würden, ihre Meinung ist etwas, sie können mitbestimmen, mitreden, mitentscheiden?

(Beifall bei den Grünen)

– Durch's Kreuzchenmachen alle vier Jahre wird dieses Gefühl wohl kaum vermittelt. Noch dazu, wenn sie es miterleben, daß sich nach der Wahl niemand mehr etwas um die Versprechungen vor der Wahl scheißt.

(Heiterkeit) [...]

Präsident Dr. Vorndran: Aber Herr Kollege Daxenberger, ich möchte Sie bitten, doch Ausdrücke zu gebrauchen, die diesem Hause angemessen sind.

Daxenberger (Die Grünen): Ich werde mich zusammenreißen. Aber jetzt ist's schon draußen.

(Allgemeine Heiterkeit)

Ich habe in meinem Manuskript weniger schärfere Sachen, aber das war mir zu wenig klar und deutlich. Unsere Sprache ist eine klare und deutliche [...]

17

Die gestohlenen Würste

Manuskript aus dem Nachlass

Ich war noch nicht besonders lange im Landtag, so etwa ein Jahr. Ich nutzte meine Zugfahrten nach München regelmäßig dazu, unsere Produkte vom Hof in die große Landeshauptstadt zu bringen. In der Fraktion fand ich interessierte Abnehmer für meine Produkte. Aber auch einige der Landtagsbediensteten zählten zu meinen Kunden. Nach meiner Wahl in den Landtag war ich gezwungen, am Hof einige Arbeiten zu vereinfachen, damit meine Familie nicht noch mehr Arbeit bekam, da ich selbst oft die ganze Woche weg war und damit als Arbeitskraft oft ausfiel. Wir haben daher den bescheidenen Ackerbau aufgegeben und bewirtschaften seit dieser Zeit nur noch Wiesen. Das hat sich zum einen angeboten, weil unsere Böden nur sehr schlecht als Acker geeignet sind. Wir haben im Alpenvorland viel Niederschläge, die Böden sind naß und wasserundurchlässig. Damit wird das Bewirtschaften der Ackerflächen, besonders im Ökolandbau, immer wieder zum Lotteriespiel. Oft regnete es schon wieder, bevor der Boden zur Bearbeitung genügend abgetrocknet war. Die Erträge hielten sich dadurch in Grenzen. „Höhepunkt" meiner ackerbaulichen Erfolge war das Jahr, in dem ich infolge von Nässe und dem darauf folgenden Pilzbefall im Herbst weniger Kartoffeln erntete, als ich im Frühjahr angebaut hatte. Ich tröstete mich mit dem alten Spruch: „Die dümmsten Bauern haben immer die größten Kartoffeln." War diese schäbige Ernte nicht der Beweis meiner Klugheit? Jedenfalls spielte ich schon vor meiner Wahl in den Landtag mit den Gedanken, den Ackerbau aufzugeben. Ich scheute aber bis dahin immer wieder vor diesen Schritt zurück, bedeutete dies doch, daß meine ersten Erfolge in der Direktvermarktung einen Rückschlag erleiden würden. Das Gemüse vom Feld war durchaus begehrt und wir konnten damals ordentliche Preise erzielen. Wie auch immer, die Wahl in den Landtag erleichterte die Entscheidung, ausschließlich auf Grünland umzusteigen, damit die gesamte Feldarbeit, die ja im Öko-Landbau gleichzeitig viel Handarbeit bedeutet, wegfiel. Dieses Grünland wurde und wird heute immer noch über die Rinderhaltung verwertet. Neben der Milch ist damit Fleisch das Hauptprodukt an unseren Hof.

Nun will ich aber zurückkommen auf meine „Versorgungsfahrten" nach München und zu einer lustigen Geschichte, die mir damit mal passierte. Wir hatten am Hof geschlachtet und uns von einem befreundeten Metzger auch eine größere Menge luftgetrockneter Salami herstellen lassen. Diese Salami war haltbar und wohlschmeckend. Durch die Lagerung war sie aber gleichzeitig ziemlich hart, so daß Spötter in der Fraktion schon von einer Zusammenarbeit von mir und der Polizei sprachen, weil sich die Würste auch als Gummiknüppel gut eignen würden. Ich hatte in der Regel immer einen kleinen Vorrat dieser Würste im Landtag, denn sie waren, den Spöttern zum Trotz, recht begehrt.

Eines Tages mußten wir feststellen, daß übers Wochenende in unsere Büroräume eingebrochen wurde. Ich hatte mein Büro nicht im Maximilianeum, sondern in einem angemieteten Gebäude ganz in der Nähe. In diesem Stockwerk, zu dem die Türe aufgebrochen wurde, befand sich auch unsere Fraktionsgeschäftsstelle und einige weitere Abgeordnetenbüros. Nach dem ersten Schreck über den Einbruch konnten wir feststellen, daß außer meinen Würsten nichts gestohlen worden war. Computer, Faxgeräte oder sonstige technische Anlagen wurden verschmäht. Diese Tatsache reizte unseren Pressesprecher verständlicherweise zu einer witzigen Pressemeldung. Mit einer Überschrift „Notstand in Sachen Ökonahrung in München" und meiner Vermutung, daß die Diebe wohl aus Feinschmeckerkreisen stammen müßten, wurde die kleine Pressemeldung zum großen Erfolg. Sogar das Ausland interessierte sich für die nette Geschichte und fast alle großen Zeitungen druckten diese bunte Geschichte ab. Ich glaube, das war meine bis dahin am meisten abgedruckte Pressemeldung.

Ich habe daraus aber auch einiges gelernt. Denn neben dem Spaß, eine witzige Meldung gelandet zu haben, kam bei mir natürlich auch der Ärger, zumindest aber das Unverständnis darüber hoch, daß ich mit meinen fachlich fundierten Pressemeldungen und Pressekonferenzen bei weitem nicht das Medieninteresse auslösen konnte. Damals wurde mir erstmals klar, daß es politische Meldungen mehr als genügend gab. Ganze Armeen von Pressestellen von zahlenmäßig kaum zu erfassenden Parteien, Verbänden und Organisationen versuchen Tag und Nacht, ihre wichtigen und einzigartigen Botschaften in der Medienlandschaft unterzubringen. Dem gegenüber stehen Journalisten, die von der Fülle, möglicherweise aber auch von der Monotonie der Meldungen regelmäßig erschlagen werden. Meldungen, die sich davon etwas absetzen, die nicht unbedingt die große Botschaft beinhalten, dafür aber eine lustige Geschichte erzählen, bringen die dringend benötigte Abwechslung. Schließlich sind es aber auch die Leser, die solche bunten Geschichten zwischen all den „zukunftsentscheidenden" Aussagen unserer Politiker gerne lesen. Interessant ist auch, daß solch banale Dinge bei den Leuten viel leichter hängenbleiben als etwa meine Forderungen zur Ausgestaltung des Bayerischen Kulturlandschaftsprogramms. Dies konnte ich zumindest in der darauffolgenden Zeit bei meinen Veranstaltungen immer wieder erleben. Ich wurde über einige Monate immer wieder auf die Würste angesprochen. Bei regelmäßigen Nachfragen von mir, ob sie denn in letzter Zeit sonst noch etwas von mir in den Medien gehört hatten, wurde mir bestätigt, daß sie oft über mich in den Zeitungen lesen. Genauere Angaben über Inhalt und Aussagen waren aber zumeist schwer abzufragen.

Die Geschichte ging aber noch weiter. Wenige Tage, nachdem diese Meldung durch die Zeitungen gerauscht ist, hat mich ein von mir menschlich sehr geschätzter CSU-Landtagskollege zu einen „Vergleich" herausgefordert. Dieser Kollege war mit mir im Agrarausschuß, selbst Bauer und, was das wichtigste ist, Franke. Die Franken behaupten ja in ihrer ihnen eigenen Dickköpfigkeit heute noch, daß nur die Franken anständige und wohlschmeckende Würste machen könnten. Daß nun meine Würste, aus Oberbayern stammend, international zu solch begehrlicher Ware hochgepriesen wurde, für die sich sogar ein Einbruch lohne, konnten die Franken nicht auf sich sitzen lassen. Er schlug mir daher vor, ein „Oberbayerisch-Fränkisches Wurstvergleichsessen" im Landtag durchzuführen. Natürlich ging ich auf die Gaudi sofort ein. Wir luden die Landtagsjournalisten als Schiedsrichter zur Mittagsstunde in einen Sitzungsraum des Landtags ein. Wir sorgten für verschiedene Würste, ich brachte selbstgebackenes Bauernbrot und frisch geräucherten Speck als Ergänzung zu den vielen Würsten mit. Die Pressekonferenz war sehr erfolgreich. Wir beide hatten vorher noch nie so viele Journalisten auf einer Pressekonferenz. Das Ergebnis dieses Vergleichs lautete:

„Egal ob bayerisch oder fränkisch, egal ob Grün oder Schwarz, Hauptsache nicht Campangepasst und vereinheitlicht. Ein Sieg der bayerischen Vielfalt über die Europäische Agrareinfalt."

Wer der Dieb meiner Würste war, kam nie auf.

18

HEUTE:

Sepp Daxenberger aus Nirnharting

Landtagsabgeordneter der Grünen

Geboren am 10.4.1962 in Waging am See, verheiratet, zwei Buben im Alter von drei und einem halben Jahr. Nach Abschluß der Realschule 1978 Lehre als Schmied, danach Zivildienst in der Altenpflege und zweite Ausbildung als Landwirt. 1985 Übernahme des elterlichen Betriebs, seither bewirtschaftet Sepp Daxenberger den Bauernhof mit 13 Hektar Nutzfläche, Milchvieh, nach den Richtlinien von „Bioland", einem anerkannten Öko-Anbauverband.

In der Berufsschule war Sepp Daxenberger als Schulsprecher aktiv und baute eine Schülerzeitung auf. Seit 1982 Mitglied bei den Grünen, 1984 Wahl in den Waginger Gemeinderat und in den Kreistag als jeweils jüngstes Mitglied. 1990 in den Bayerischen Landtag gewählt.

Aktiv ist Sepp Daxenberger beim Sportverein Waging, bei der Feuerwehr Nirnharting und mehreren Natur- und Umweltschutzorganisationen.

Wie entspannen Sie sich nach einem harten Arbeitstag?	*Im Zug schlafen oder mit einem Weißbier auf dem Kanapee liegen*
Welche Fernsehsendungen möchten Sie nicht versäumen?	*Da gibt es keine*
Wie halten Sie sich körperlich fit?	*Mit Arbeiten am Hof, manchmal Fußballspielen oder Bergsteigen*
Welchen Beruf würden Sie wählen, wenn Sie nochmal ganz von vorn anfangen könnten?	*Ich bin mit meinen Berufen noch immer ganz zufrieden*

Was lieben Sie an Ihrer Heimat besonders?	*Die abwechslungsreiche bäuerliche Kulturlandschaft*
Welcher Versuchung können Sie nicht widerstehen?	*Einem großen Eisbecher*
Wenn Sie auf eine einsame Insel müßten: Was würden Sie -neben Ihrem Partner- mitnehmen?	*Meine beiden Buben Felix und Kilian, Schreibzeug und Lesestoff*
Welche Eigenschaften schätzen Sie an Ihren Mitmenschen?	*Zufriedenheit, Geduld, Toleranz*
Welche negativen Eigenschaften möchten Sie an anderen abschaffen?	*Arroganz, Egoismus, aufbrausenden Zorn*
Welche negativen Eigenschaften möchten Sie gerne an sich selber abschaffen?	*Ungeduld, die Eigenschaft, unangenehme Dinge auf die lange Bank zu schieben*
Auf welchen Luxus möchten Sie nicht verzichten?	*Eigenes Bauernhaus mit viel Platz und Garten*
Was ist Ihre Lieblingsspeise?	*Schwammerlsuppe mit Speckknödel*
Welche berühmte Persönlichkeit würden Sie gern kennenlernen? (auch bereits verstorben)	*Mahatma Gandhi*
Welches Ereignis in der Geschichte hätten Sie gern miterlebt?	*Die erste Alpenüberquerung*
Welchen deutschen Politiker würden Sie gern absetzen?	*Keine, ich hoffe in Zukunft auf mündige Wählerinnen und Wähler*
Welchen aktiven Beitrag leisten Sie zum Umweltschutz?	*Bin aktiv in verschiedenen Umweltschutzorganisationen, fahre mit der Bahn*
Welche Prinzipien verfolgen Sie in Ihrem Leben?	*„Wir haben die Erde von unseren Kindern nur geliehen"*
Gibt es etwas, wovor Sie Angst haben?	*Vor kaltblütigen, gewissenlosen, machtbesessenen Menschen*
Mit welchem Menschen würden Sie gerne tauschen?	*Mit keinem, nur ab und zu mit jemandem, der kein Telefon besitzt*
Wem würden Sie 100.000 Mark spenden, wenn Sie's übrig hätten?	*Wahrscheinlich humanitären Entwicklungshilfeprojekten*
Haben Sie einen Traum, den Sie gern verwirklichen würden?	*Ja, ich träume von einer Welt mit zufriedenen, glücklichen Menschen*
Was wünschen Sie sich für die Zukunft?	*Daß mein Traum in Erfüllung geht – dafür kämpfe ich*

19

Alles Politik oder was?

Voll in Fahrt und dabei ja nicht die Bodenhaftung verlieren!

Vom täglichen Frust, Unmögliches wieder einmal nicht möglich gemacht zu haben!

Manuskript vom 12.12.93 aus dem Nachlass

Samstag Nacht im Zug, nach 5 Tagen gehts endlich nach Hause und ich denke nach, über die Motivation, Berufspolitiker zu sein? Was habe ich bewegt in den letzten 5 Tagen, wäre irgend etwas anders, wenn ich stattdessen die anstehende Arbeit am Hof erledigt hätte? Soll man nicht den ganzen Krempel hinschmeißen, es ändert sich ja doch nichts? Natürlich bin ich immer wieder von Selbstzweifel geplagt, ob ich für diese Arbeit der richtige bin, ob ich bisher eigentlich etwas erreicht habe. Vor allem aber: Wo bleibt die Anerkennung, wie kann ich meine Leistung messen? Ja, in meiner Schmiedewerkstatt, am Hof, da kann ich am Abend sehen, was ich geschafft oder nicht geschafft habe. Aber in der Politik? An was messe ich meinen Erfolg als Oppositionspolitiker? An Prozenten bei Wahlen? An Pressemeldungen? An gestellten Anträgen? An Besucherzahlen bei Versammlungen? Paßt wohl alles nicht so recht. Und trotzdem kann ich mich noch immer motivieren, mein Amt ernst zu nehmen. Es macht mir Spaß, mich auf Versammlungen darzustellen, mit Behördenvertretern zu streiten, mit Freunden der eigenen Partei und vor allem mit Politikern anderer Fraktionen um die besseren Lösungen zu streiten. Aber kann das alles sein? Nein, wenn ich mir so manche Kollegen im Maximilianeum so anschaue, nach 20 Jahren vergeblichem Hoffen auf einen Staatssekretärsposten, oder in den kuscheligen Oppositionsbänken selbstzufrieden ergraut, dann schreit alles in mir: „Nichts wie weg da, nicht daß du irgendwann dort genauso sitzt und es gar nicht mehr merkst."

Politikverrückt, gnadenlos ehrgeizig oder hemmungslos verantwortungsvoll?

Von alledem etwas muß man wohl mitbringen, um als junger Mensch Politik zu machen. Da gibt eins das andere und schon ist man einer dieser Berufspolitiker. Dabei beginnt alles ganz normal. Schülersprecher in der Berufsschule, Gründen von verschiedenen Bürgerinitiativen, Mitarbeit bei verschiedenen Ende der Siebziger Jahre wie Pilze aus dem Boden schießenden Umwelt- und Friedensinitiativen. Überall sind engagierte Menschen gefragt, alles erscheint einem wichtig. Irgendwann habe ich dann gemerkt, daß ich mich auch parteipolitisch engagieren muß, denn die Hoffnung, daß die Menschheit freiwillig und durch bessere Einsicht vernünftig wird, mußte ich langsam begraben. Als junger Mensch herausgehobene Posten und Positionen zu bekommen, war und ist in einer jungen Partei wie den Grünen natürlich relativ einfach. Aktive Menschen sind ja auch in Parteien gefragt. Es war aber keine Entscheidung von mir, „jetzt werde ich Berufspolitiker", sondern das ist ein Prozeß, in den man langsam hineinschlittert, ohne sich über die Konsequenzen im einzelnen im Klaren zu sein.

Aber als sich dann die Frage für mich stellte, „nur" noch Politik zu machen und damit seinen Lebensunterhalt zu bestreiten, da zögerte ich nicht. Aus der *Überzeugung,* daß ich die Politik nicht allein denen überlassen kann, denen ich nicht traue. Mit dem *Selbstbewußtsein,* mindestens genauso geeignet wenn nicht besser zu sein als andere, aber auch mit dem Bewußtsein, schimpfen und motzen allein ist zu billig. Noch immer habe ich nicht aufgegeben, die Leute aus dem gemütlichen Fernsehsessel zu ziehen, von der warmen Ofenbank zu holen, und sie davon zu überzeugen, daß es mehr zu tun gibt, als die eigenen Interessen zu verfolgen, – eine traurige, oft deprimierende Aufgabe.

Das Diktat des schlechten Gewissens!

Morgen ist Sonntag. Ein politikfreier Tag. Die Gertraud und die Kinder wollen auch was von mir haben. Auch ich hab meine berechtigten Ansprüche auf Freizeit. Die Stallarbeit, einige Telefonate, dann ist der Tag wieder gelaufen. Aber etwas habe ich inzwischen gelernt: Ich habe kein schlechtes Gewissen mehr, einen Tag einfach nichts zu tun, wenn ich mir das vornehme.
Aber oft bin ich doch etwas deprimiert, weil ich all den berechtigten Ansprüchen nicht gerecht werden kann. Die Familie, der Hof, die Fraktion, der Kreisverband, all die Menschen, die mit ihren Problemen zu mir kommen. Es wäre schön, abends einfach ausgehen zu können ohne Politik zu machen. Selbst wenn ich keine Abendveranstaltung habe, einfach nur zum Essen oder auf ein Bier gehe, es dauert nicht lange, dann wird man auf politische Themen angesprochen. Manchmal machts Spaß, manchmal ist es furchtbar lästig. Meine Frau geht schon kaum mehr mit mir aus.

Es bewegt sich was, aber stimmt die Richtung?

Meine Mama ist eine gnadenlose Kritikerin von mir: Warum vernachlässigst Du den Hof und Deine Familie, Du änderst ja doch nichts in der Politik, die machen ja doch, was sie wollen. Das sitzt, macht mich aber gleichzeitig auch ehrgeizig, das Gegenteil zu beweisen. Natürlich ist Oppositionspolitik wichtig, natürlich weiß ich, daß unsere Ideen zuerst abgelehnt und später von der CSU aufgegriffen und als große Neuerungen verkauft werden. Aber ist das alles? Die politische Großwetterlage macht mich nicht gerade hoffnungsvoll, aber aufgeben? Nein, das könnte ich nicht. Ich möchte auch in zehn Jahren noch in den Spiegel schauen können und mich nicht schämen müssen. Als Optimist bleibt für mich ja immer noch das Sprichwort vom steten Tropfen, der den Stein höhlt. Ob ich es wohl zum Wasserfall bringe?

Hinter meiner Politikerfassade steckt ein Mensch!

Ich komme mit vielen Menschen zusammen. Mit mehr als vor meiner Landtagszeit. Viele sind politische Freunde und Weggefährten. Aber was bleibt, wenn die Politik nicht mehr vereint? Es macht mich traurig, wenn die Nachbarn, die Freunde im Sportverein in mir nur mehr den Politiker sehen, mit dem man eben über Politik spricht. Ich habe auch noch andere Eigenschaften, vielleicht muß ich die wieder mehr herausstellen, denn was bleibt mir sonst noch, wenn ich aufhöre mit der Politik beziehungsweise im Landtag? Ich wünsche mir vor allem Freunde, die in mir nicht nur den Politiker sehen und die ehrlich genug sind, mir zu sagen, wann ich mit der Politik aufhören muß, weil ich nicht mehr ich selbst bin und austauschbar. Ich hoffe auf solche Freunde und darauf, daß ich dann noch verstehe, was sie meinen. Ich habe den Glauben aber noch nicht aufgegeben, daß ich Berufspolitiker sein kann, ohne daß der Mensch dabei kaputt oder verloren geht.

20

FRAKTION Die GRÜNEN
im BAYERISCHEN LANDTAG
- PRESSESTELLE -

PRESSE-Mitteilung
Nachspiel

Ältestenrat des Landtags mißbilligt Auszeichnung des grünen Landtagsabgeordneten Sepp Daxenberger durch Bauern aus dem Chiemgau.

München (02.03.1994/r.) Ein Nachspiel hatte heute im Ältestenrat des Bayerischen Landtags eine Auszeichnung, die dem grünen Landtagsabgeordneten und Biobauern Sepp Daxenberger in der Faschingsvorwoche von 52 Bauern aus Waging am See vor dem Landtagsgebäude überreicht worden war. Schon damals hatte man die bäuerliche Ehrung nicht im Landtagsgebäude zugelassen. Die Vertreter von CSU, SPD und FDP im Ältestenrat mißbilligten heute die Auszeichnung des grünen Abgeordneten mit einer Mistgabel als unerlaubte Demonstration, die der Würde des Hauses unangemessen sei.

Die Bauern aus dem Chiemgau hatten Daxenberger das bäuerliche Handwerkszeug überreicht, um ihn zum gründlichen Ausmisten des Amigo-Saustalls in Bayern zu ermutigen und ihm für die Vertretung der bäuerlichen Interessen im Parlament den Rücken zu stärken. In einer Laudatio hatten die Bauern Daxenberger als einen der letzten glaubwürdigen Vertreter ihres Standes im Bayerischen Landtag gewürdigt und den Niedergang der bäuerlichen Landwirtschaft in Bayern beklagt. Sepp Daxenberger, der stellvertretendes Mitglied im Schalck-Untersuchungsausschuß ist, hatte sich bei den Bauern für diese Ehrung mit Plakaten bedankt, die die Aufschrift tragen: „... Amigo ... Moksel ... Schalck ... Treuhand – da ist ein Riesensaustall auszumisten." Diese sollen künftig zur ständigen Mahnung die Stalltüren im Chiemgau zieren.

Für die Mißbilligung der feierlichen Mistgabel-Verleihung durch den Ältestenrat des Landtags hat der grüne Abgeordnete keinerlei Verständnis. Sepp Daxenberger: „Für mich als Bauern hat die Verleihung der Mistgabel durch die Chiemgauer Bauern weit größere Bedeutung als beispielsweise der Bayerische Verdienstorden, den so mancher Amigo in diesem Lande trägt." Die Mißbilligung dieser Ehrung durch die Vorsitzenden der anderen Fraktionen im Ältestenrat des Landtags ist ein Beleg dafür, mit wieviel Unverständnis die bayerischen Bauern es im Bayerischen Landtag zu tun haben. Oder sollte jener Chiemgauer Bauer doch recht haben, der die Aussperrung der Mistgabel aus dem Landtag damals mit den Worten kommentierte: „Der Landtag hot so vui Angst vor der Arbeit, daß er no net a Mal a Werkzeug eini laßt."

Mit freundlichen Grüßen
Hanns-D. Reichhelm
- Pressesprecher -

21

Kandidatur für den Landtag 1994

Handwerker und Bauer

Natürlich ist es für einen Handwerker und Bauern nicht leicht gute Oppositionspolitik zu machen. Immer wieder sehen zu müssen, wie die Ideen und die Arbeit im Landtag oder in den Amtsstuben der Verwaltung verkannt oder niedergestimmt werden; das kann bei manchem schnell zu Frust und Enttäuschung führen; vor allem dann, wenn man gewohnt ist, praktisch zu arbeiten. Nicht so bei Daxenberger:

"Wenn ich mir sicher bin auf dem richtigen Weg zu sein und weiß, daß ich Recht habe, lasse ich mich von Kurzsichtigkeit und Ignoranz nicht aufhalten, denn wer aufgibt für die richtige Sache zu kämpfen, kann dieser auch nicht zum Durchbruch verhelfen", lautet ein Motto des jungen Abgeordneten im Bayerischen Landtag.

"Ich möchte meinen Kindern und Kindeskindern eine so schöne Heimat geben und eine so gesunde Umwelt erhalten, wie ich sie selbst erleben darf. Meine Heimat, unser Bauernhof und meine Familie sind für mich Auftrag genug, in der Politik die Interessen Weniger hinter die Interessen der Gemeinschaft und der kommenden Generation zu stellen".

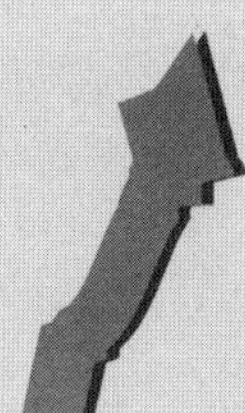

Sepp Daxenberger
Nirnharting 30
83329 Waging am See

BÜNDNIS 90
DIE GRÜNEN

22

Zivilcourage

Manuskript aus dem Nachlass

[…] Zivilcourage bedeutet, sich aktiv einmischen. Hingehen auch dann, wenn es unter Umständen für mich negativ sein könnte. Helfen auch dann, wenn ich dabei Schaden erleiden könnte, unterstützen, auch wenn ich Angst empfinde. Ich möchte an einem persönlich erlebten Beispiel darlegen, daß Zivilcourage nichts Altmodisches ist und daß Hinschauen und Helfen keine Eigenschaft der Dummen und der Verlierer ist.

Im Sommer 1994 wurde ich vom Jugendmagazin der Süddeutschen Zeitung namens „Jetzt" zu einem Interview eingeladen. Ziel des Interviews sei es, so wurde mir mitgeteilt, daß das Magazin den jugendlichen Lesern die jugendpolitischen Aussagen der damals noch vier im Landtag vertretenen Parteien präsentieren will. Dazu sollte ich mich an einem schönen Sommertag mit einem jungen Reporter im Biergarten des Münchner Hofgartens treffen. Ich ging zum Interview. Wir setzten uns an einen kleinen Tisch und unterhielten uns. Der Reporter informierte mich darüber, daß mit den Vertretern der anderen drei Parteien CSU, SPD und FDP die Gespräche bereits stattgefunden hätten. Am Nebentisch saß, von mir zunächst unbemerkt, ein etwas ungleiches Paar. Ein hübsches, dunkelhäutiges Mädchen, das in ein Buch vertieft war, und ein blonder junger Mann. Während ich dem Journalisten einiges über unsere jugendpolitischen Vorstellungen erzählte, merkte ich, daß der junge Mann das farbige Mädchen beschimpfte und belästigte. Daraufhin wandte ich mich um und bat den jungen Mann, mit den Beschimpfungen aufzuhören, und bot dem Mädchen einen Platz an unserem Tisch an. Der junge Mann hörte aber nicht auf, mit ausländerfeindlichen und rassistischen Ausdrücken dem Mädchen zuzusetzen. Daraufhin erhob ich mich drohend mit meinen annähernd 100 Kilogramm Lebendgewicht und 190 Zentimeter Körpergröße und machte dem jungen Mann klar, daß ich so etwas nicht dulde und er gefälligst damit aufzuhören habe. Ansonsten könnte ich meine pazifistische Grundeinstellung kurz vergessen. Der junge Mann verzog sich daraufhin relativ rasch, leicht maulend und verließ den Biergarten. Das junge Mädchen bedankte sich und ging ebenfalls.

Ich konnte meinen Ärger und meine Beunruhigung über das eben Erlebte nicht so schnell verarbeiten, sodaß ich mich im weiteren Gespräch mit dem Journalisten im wesentlichen über dieses Thema unterhielt. Ein Einschreiten in solchen Situationen, so wurde mir schnell klar, kommt bei mir weniger vom Kopf, sondern mehr aus dem Bauch. Bei solchen bösartigen Angriffen stelle ich mich automatisch auf die Seite des Schwächeren. Für mich war es etwas traurig mitzubekommen, daß ich offensichtlich der einzige war, der reagiert hatte. In einem Biergarten am hellen Tag einzuschreiten, Partei zu ergreifen, ist wohl eine Selbstverständlichkeit, nachdem auch der Kopf sagen würde, misch dich ein. Was aber ist, wenn sich diese Szene um Mitternacht in einer leeren U-Bahn abspielen würde oder in einer unbelebten Seitenstraße? Was ist, wenn aus dem einem

Pöbler mehrere würden, wenn sie gar bewaffnet wären? Hier würde wohl der Kopf sagen, geh weg, schau weg, kümmere dich nicht darum. Ich bin aber sicher, daß auch hier bei mir der Bauch über den Kopf siegen würde. Einmischen tut not, und all diese schlimmen Entwicklungen können nur deshalb so stark werden, weil wir uns nicht mehr einmischen.

Ich hatte diese Geschichte schon fast vergessen, als wenige Tage vor der Landtagswahl im September 1994 mich plötzlich aufgeregt eine ganze Reihe von Leuten anrief und fragte, ob ich das Jugendmagazin „Jetzt" schon gelesen hätte. Ich verneinte, erinnerte mich aber daran, daß ich mit meinem Interview zum Thema Jugendpolitik noch erscheinen müßte. Der Sachverhalt war dann anders. Der rechtsradikale Übergriff war nicht Wirklichkeit, sondern gestellt und gespielt. Die jungen Leute waren Schauspielschüler und ihre Aufgabe war es, Politikern auf den Zahn zu fühlen, wie sie reagieren bei rechtsradikalen Angriffen. Beim Lesen des Artikels kam ein weiterer Schreck dazu. Ich war offensichtlich der einzige der vier getesteten gestandenen Politikmänner, der sich einmischte, der Partei ergriff und Schutz gab. Daß diese Szene gestellt war, erfuhr ich erst mit dem Artikel in der Zeitschrift. Daß mein Verhalten und das Veröffentlichen kurz vor der Wahl mir wohl einige Tausend Zweitstimmen brachte, möchte ich nicht verschweigen. Erfreut war ich von der großen Welle der Sympathiebekundungen. Ich erhielt viele Briefe und Faxe, unter denen nicht eine Reaktion war, die mein Einschreiten für falsch und unnötig hielt.

Sendung im Bayerischen Fernsehen: „Bayern-Champions" mit Gerd Rubenbauer, Alfons Schuhbeck und Christl Geierstanger

23

Bayerischer Landtag: Rede zum Agrarhaushalt 1995 / 96

Erster Vizepräsident Hiersemann: Der CSU verbleibt eine Restredezeit von 40 Minuten. Das Wort hat Herr Abgeordneter Daxenberger.

Daxenberger (BÜNDNIS 90/DIE GRÜNEN): Herr Präsident, Kolleginnen und Kollegen! Herr Minister Bocklet, wir beschäftigen uns heute mit einem der traurigsten Kapitel bayerischer Politik, nämlich dem Agrarhaushalt. Es gibt wahrlich viel Trauriges aus dem Landtag zu berichten; aber bei der Agrarpolitik sind wir ziemlich sicher an einem Tiefpunkt angelangt.

Der Haushalt ist die Grundlage der Agrarpolitik für die nächsten zwei Jahre in Bayern. Dieser Haushalt verheißt erneut nichts Gutes für Bayerns Bäuerinnen und Bauern, für Bayerns Verbraucherinnen und Verbraucher, für Bayerns Umwelt - besagt der Haushalt doch in seinem Kern

ein „Weiter so!" und bietet damit ein Bild des Jammers: keine neuen Ideen, null Innovation. Dieser Haushalt dokumentiert die Verwaltung des Mißstandes. Unsere Vorschläge in Richtung zukunftsorientierte Landwirtschaft, auf die ich später noch eingehen werde, wurden in den Haushaltsberatungen allesamt abgelehnt.

(Miller (CSU): Gott sei Dank!)

Es ist wohl notwendig, eine „Erfolgsbilanz" der CSU-Agrarpolitik für Bayerns Landwirtschaft Revue passieren zu lassen. Gerade Landwirtschaftsminister Bocklet an der Spitze der CSU-Agrarpolitiker - oder derjenigen, die sich als solche bezeichnen - möchte, wie uns heute wieder demonstriert worden ist, die konsequente Bauernhof-Vernichtungspolitik den Bauern auch noch als Erfolg verkaufen - nach dem bewährten Kiechle-Motto: Es hätte ja alles noch viel schlimmer kommen können; es hätten auch noch ein paar mehr über die Klinge springen können.

Die Staatsregierung sollte sich in der Agrarpolitik, statt regelmäßig mit der Faust zu drohen und dieselbe Hand dann ganz schnell zur Zustimmung zu den Bonner Zentralistenbeschlüssen zu heben, doch endlich auf die bayerischen Möglichkeiten in der Agrarpolitik besinnen und die trotz selbstverständlich vorhandenen Vorgaben aus Bonn und Brüssel und der GATT-Beschlüsse vorhandenen Spielräume für unsere Bauernfamilien besser nutzen.

Sehr geehrter Herr Minister Bocklet, als Oppositionspolitiker habe ich fast schon eine Beißhemmung Ihnen gegenüber, wenn ich höre, wie abfällig Bäuerinnen und Bauern über Sie reden, und wenn ich mitbekomme, wie Ihnen Ihre Kollegen aus der Partei regelmäßig in die Parade fahren und wie Sie als Watschenmann herhalten müssen. Allerdings - das ist klar - kann ich Ihnen heute auch einige Grausamkeiten nicht ersparen. Ich habe nämlich die Festreden-Lobhudelei über die wichtigen, großen Leistungen usw. der Landwirtschaft satt. Honig ums Maul zu schmieren, hilft nicht mehr weiter. Die Bauern akzeptieren nicht mehr, daß Ihnen Honig ums Maul geschmiert wird. Davon wird kein einziger Bauernhof erhalten. Wir brauchen endlich Taten statt „ewiges Gelabere".

Wir haben heute schon einiges Lob für unsere Bäuerinnen und Bauern gehört und werden es auch noch in den nächsten Beiträgen hören. Ich schließe mich dem an. Als Bauer weiß ich, wovon ich rede. Wir von der Fraktion BÜNDNIS 90/DIE GRÜNEN sind die Fraktion mit dem mit Abstand höchsten Prozentsatz an Bauern im Landtag. Wir haben zwei Bauern, die noch selbst produzieren - im Gegensatz zu den meisten, die sich hier als Bauern bezeichnen. Macht doch endlich einmal Politik statt immer nur schöne Worte!

Wie sieht die Ausbildungssituation in der Landwirtschaft aus? Nur noch wenige hundert Menschen sind in Bayern bereit, den Beruf des Landwirts zu erlernen. Da hilft auch keine Ausbildungsoffensive, die angekündigt worden ist. Da helfen nur Zukunftsperspektiven für den Erhalt bäuerlicher Betriebe.

Tausende Betriebe machen jährlich die Tore endgültig dicht. Da hilft keine einzelbetriebliche Fördermaßnahme, die die Bauernfamilien nur in weitere Schulden treibt, sondern es sind agrarpolitische Konzepte für den Bauernhofstandort Bayern nötig. Die verbliebenen Betriebe werden von Jahr zu Jahr größer, produzieren von Jahr zu Jahr mehr, verdienen aber gleichzeitig weniger. Von Jahr zu Jahr wird die Quote der Nebenerwerbsbauern höher, die noch in die Arbeit gehen müssen, um den Hof mitfinanzieren zu können. Wie lange das noch möglich ist, ist die große Frage. Da helfen keine noch so schönen Vorschläge von Einkommenkombinationen, die in schöner Regelmäßigkeit den Bauernfamilien besserwisserisch empfohlen werden, wenn Sie nicht gleichzeitig auch sagen, woher sie denn bei einer 60-, 70- oder 80-Stunden-Woche die Zeit dafür nehmen sollen. Die Zahlen von Ihrem vermeintlichen Erfolg in Ihrer Einbringungsrede, die vom Kollegen Willi Müller auch noch einmal präsentiert worden sind, gründen sich nicht auf Ihre Politik, sondern auf eine völlig andere Struktur und eine völlig andere kulturelle Ausgangsbasis in Bayern.

Von Jahr zu Jahr werden die Verarbeitungsbetriebe, wie Molkereien, Brauereien, Schlachthöfe, weniger, weil die Staatsregierung den Verdrängungswettbewerb noch subventioniert. Da klingen die Lobpreisungen der Staatsregierung von Spezialitäten aus Bayern, von regionalen Besonderheiten und Bauernmärkten schon wie Hohn, wenn gleichzeitig die letzten kleinen Schlachthöfe, Molkereien und Mühlen „den Bach runterschwimmen". Schon vor einiger Zeit haben wir Vorschläge zum Schutz und Erhalt der Schlachthofstruktur und der Fleischqualität auf den Tisch gelegt, Herr Minister. Sie dürfen diese Vorschläge ruhig übernehmen; wir sagen nicht, daß sie von uns sind.

(Heiterkeit beim BÜNDNIS 90/DIE GRÜNEN - Kobler (CSU): Das ist geistiger Diebstahl!)

Die ersten zaghaften Abschreibeversuche laufen ja schon. Wir sagen dazu: Gut so, weiter so, bedienen Sie sich!

Wie sehen die Leistungen der CSU-Agrarpolitik für die Umwelt aus? Die roten Listen werden länger, die Bodenerosionen immer besorgniserregender, das Grundwasser nicht besser, die Kulturlandschaft dank des Durchlauferhitzers Flurbereinigung immer mehr ausgeräumt und die Aufteilung unserer Landschaft in Schutz- und in Schmutzgebiete immer klarer. Dafür machen wir nicht die Bauernfamilien verantwortlich, auch wenn Sie, Herr Willi Müller, das draußen hundertmal erzählen, sondern - ich betone es noch einmal - die Agrarpolitik. Wir machen nicht die Bauern dafür verantwortlich, sondern die Politik.

(Willi Müller (CSU): Herr Kamm hat gesagt: Die Bauern sind schuld!)

- Nein.

(Willi Müller (CSU): Doch!)

- Nein, die Agrarpolitik ist schuld.

(Zuruf)

- Der agrarpolitische Sprecher der Fraktion BÜNDNIS 90/DIE GRÜNEN bin ich.

(Beifall und Heiterkeit beim BÜNDNIS 90/DIE GRÜNEN - Kobler (CSU): Wer hat jetzt recht?)

Wie sehen die Leistungen der CSU-Agrarpolitik für die Verbraucherinnen und Verbraucher aus? Ein Lebensmittelskandal jagt den anderen.

(Sinner (CSU): Herr Kamm ist Milchsprecher!)

- Der, der am besten die Kuh melken kann, ist wahrscheinlich der Milchsprecher. Jetzt weiß ich nicht, ob wir bei euch noch einen finden.

Ein Lebensmittelskandal jagt den anderen. Die Staatsregierung setzt gleichzeitig auf Gentechnik in Nahrungsmitteln. Jedes zweite Kind leidet unter Allergien dank Farbstoffen, Verdickungs-, Feuchthalte- und Säuerungsmitteln, Emulgatoren, Geschmackverstärkern, Antioxidantien usw. Ich möchte die Horrorliste von Zusatzstoffen aus dem Chemielabor der Food-Designer „Frisch auf den Tisch" nicht fortführen. Das beschert uns die von der CSU mitgetragene Politik aus Bonn und Brüssel.

Es darf nicht so weit kommen, daß der EU-Gesundheitsminister warnen muß: „Essen gefährdet Ihre Gesundheit." Warum kümmern Sie sich nicht darum? Leidtragende sind sicherlich auch unsere Bauern.

Wie sieht es im Tierschutz aus? Die Schlachtviehtransporte quer durch Europa sind eine Kulturschande für ein angeblich zivilisiertes Volk. Aber außer großen Verlautbarungen ist nichts passiert. Wir haben Vorschläge auf den Tisch gelegt. Wenn Hühner, die man in enge Drahtkäfige einsperrt, irgendwann einmal die Menschen mit Salmonellen verseuchen, kann ich nur sagen: Bravo' Hühner, macht weiter so! Recht habt ihr!

(Heiterkeit und Beifall beim BÜNDNIS 90/DIE GRÜNEN)

Erst gestern haben wir von Landwirtschaftsminister Bocklet die CSU-Vorstellung einer Planwirtschaft in Reinkultur vorgestellt bekommen.

(Zuruf des Abgeordneten Dr. Fleischer (BÜNDNIS 90/DIE GRÜNEN))

20 Millionen DM will die Staatsregierung für das Denkmal der Unvernunft in Lauingen lockermachen. Aber 3 Millionen DM zur Vermarktung von Ökoprodukten aus der Region für die Region auszugeben, wie wir in einem Haushaltsantrag gefordert haben, dazu ist sie nicht bereit. Die Auswirkungen dieser Fehleinschätzung dokumentieren sich in den aktuellen großen Problemen der Landwirtschaft in Bayern, die wir gestern intensiv diskutiert haben. Während der regionale Markt vernachlässigt, gering geschätzt und mißachtet wurde, wurde Bayerns Landwirtschaft zunehmend in die Exportabhängigkeit getrieben, gefördert, um nicht zu sagen, subventioniert. Bocklet rühmte sich erst kürzlich im Haushaltsausschuß mit der Tatsache, daß es Bayern gelungen sei, den Käseexport nach Rußland auszudehnen. Herzlichen Glückwunsch, kann ich da nur sagen. Käse nach Rußland zu transportieren - welch große Leistung! Holen wir uns dann dafür die Milch aus der Ukraine für 20 Pfennig nach Bayern? Oder bezahlt Rußland diesen Käse mit Holz, was unsere Waldbauern noch mehr unter Druck setzt? Vor allem aber: Wer hat dafür die Exporterstattungen kassiert?

(Kobler (CSU): Jetzt kommt Herr Kamm!)

Ich kann nur sagen, welch gnadenlose Unvernunft: Käse nach Holland.

Der Eindruck ist nicht von der Hand zu weisen, daß sich die Staatsregierung im wesentlichen der Agrarindustrie, den Lebensmittelkonzernen, dem Transportgewerbe und den Chemiefirmen gegenüber verantwortlich fühlt, aber nicht den bayerischen Bauern gegenüber. Vor allem aber schreckt mich - Herr Müller hat noch einmal darauf hingewiesen -, daß immer noch die Politik des Wachsens oder Weichens als Selbstverständlichkeit verkauft wird, obwohl doch jedem klar sein muß, daß diese Wachstumsspirale eine Spirale ohne Ende ist, ohne Chance für irgend jemanden. Akzeptiert das endlich!

Wenn wir glauben, mit den neuen Bundesländern und mit den Holländern mithalten zu können, dann ist das ein Hase-und-Igel-Spiel. Die anderen sind bereits am Ziel, da laufen wir erst weg.

(Sinner (CSU): Was sagen Sie zu den Winzern?)

Diesen Wettlauf wollen und können wir nicht gewinnen. Klasse statt Masse heißt deswegen unser Ansatz. Lassen wir doch den anderen den Weg der subventionierten Unvernunft! Wir wollen heraus aus den Subventionen, dafür Nahrungsmittel zu vollen Preisen, und die Natur gibt es gratis dazu.

(Beifall beim BÜNDNIS 90/DIE GRÜNEN)

Wir müssen heraus aus der agrarpolitischen Sackgasse, nicht nur wegen der noch vorhandenen 200 000 Bauernfamilien, sondern weil die Agrarpolitik eine Schlüsselfunktion für den Schutz und die Erhaltung unserer Lebensgrundlagen Boden, Wasser und Luft hat. Agrarpolitik verstehen wir GRÜNE als Politik für den gesamten ländlichen Raum. Diese braucht auch die Stadt zum Überleben. Wir brauchen eine ökologische Agrarreform und müssen die Strukturen erhalten.

Erstens. Unter dem Gesichtspunkt der Nachhaltigkeit ist der ökologische Landbau auf Dauer der einzige Weg in der Landwirtschaft. Er muß darum zum allgemeinen Leitbild in der Agrarpolitik werden. Das ist nicht gegen die konventionelle Landwirtschaft gerichtet, sondern genau deren Chance. Wir wollen im Gegensatz zur derzeitigen Politik nämlich alle Betriebe erhalten. Denn einen Hof, den es nicht mehr gibt, kann man logischerweise auch nicht mehr umstellen. Genau so lese ich übrigens auch den Bericht der Enquete-Kommission „Schutz der Erdatmosphäre". Es gibt wieder Arbeitsplätze. Die Zukunft der Landwirtschaft in Bayern ist entweder ökologisch oder gar nicht vorhanden.

(Beifall beim BÜNDNIS 90/DIE GRÜNEN)

Zweitens. Wir brauchen endlich eine konsequente ökologische Steuerreform. Sie ist zentrale Rahmenbedingung einer sozial-ökologischen Marktwirtschaft. Die Preise am Markt müssen endlich die soziale und ökologische Wahrheit sagen.

Drittens. Ausgleichszahlungen des Staates wird es in Zukunft nur noch unter Anwendung landeskultureller, ökologischer und sozialer Kriterien geben. Die Gießkanne ist kein Zukunftsgerät der Agrarverwaltung. Nur so sind Einkommensübertragungen dauerhaft abzusichern und als gesellschaftliche Leistung auch zu definieren.

Viertens. Die aggressive und subventionierte Agrarexportpolitik, bei der auch Bayern eine peinliche Rolle spielt, ist schrittweise aufzugeben. Diese macht nicht nur bei uns den Bauernfamilien die Preise kaputt, sondern zerstört vor allen Dingen in den Entwicklungsländern deren eigene Agrarmärkte. Dadurch kann im GATT -das heißt jetzt WTO - das Zugeständnis eines Außenschutzes aus Gründen sozial- und umweltpolitischer Produktionsstandards und eine Einschränkung der Futtermittelimporte erreicht werden. Wohin zum Beispiel die Futtermittelimporte geführt haben, zeigt die perverse Situation, daß man heute bereits einen Liter Milch billiger mit importierten Futtermitteln aus den USA, aus Indonesien und Brasilien erzeugen kann als mit dem Gras vor dem Stall, in dem die Kuh steht. Die Tonne Müll kostet mehr als doppelt soviel wie die Tonne Weizen.

Fünftens. Den regionalen Unterschieden in Europa ist in der europäischen Agrarpolitik mit mehr Kompetenzen für die Regionen Rechnung zu tragen. Das sind übrigens die Kompetenzen, die ihr und eure Vorgänger in der Vergangenheit leichtfertig abgegeben habt, weil ihr euch vor der Verantwortung drücken wollt.

Sechstens. Der ökologische Landbau ist wirksamer Klimaschutz. Der ökologische Landbau kann die gleiche Menge an Nahrungsmitteln mit der Hälfte des Energieaufwandes und damit auch mit der Hälfte an $C0_2$- und anderen Emissionen produzieren. Da kann Minister Bocklet das Aktionsprogramm Stickstoff 2000 einpacken. Darin verkauft übrigens die Staatsregierung den Strukturwandel noch als Erfolg. Fast 50 % des Einsparungspotentials gehen auf Bestandsreduzierung zurück.

Siebtens. Viele Studien beweisen, daß ökologischer Landbau optimalen Trinkwasserschutz bedeutet. Wir haben über 60 Millionen DM beantragt, um flächendeckenden Trinkwasserschutz durch ökologischen Landbau zu bekommen.

Wir brauchen achtens in Bayern überall eine artgerechte Haltung unserer Nutztiere und eine an die Fläche gebundene Produktion. Dies verlangen nicht nur die Moral und die Ethik, sondern dies fördert vor allem die Glaubwürdigkeit und die Akzeptanz der bayerischen Landwirtschaft und unserer Erzeugnisse bei Verbraucherinnen und Verbrauchern. Wir beantragen darum 10 Millionen DM für ein Förderprogramm zur artgerechten Tierhaltung, damit die Betriebe für die Beratungsfehler der Vergangenheit nicht allein haften müssen, wenn sie jetzt ihre Ställe umbauen.

Gentechnik, Embryotransfer, Klonen oder Massentierhaltung dürfen in Bayerns Ställen keine Zukunft haben.

(Beifall beim BÜNDNIS 90/DIE GRÜNEN)

Uns ist klar, daß nicht alle der Forderungen, die hier aufgestellt wurden und zwingend diskutiert und umgesetzt werden müssen, von Bayern allein umgesetzt werden können. Vieles kann aber Bayern anstoßen. Bayern muß in der Agrarpolitik diesen Weg gehen, sollen Bayerns Bäuerinnen und Bauern eine Zukunft haben. Wir vom BÜNDNIS 90/DIE GRÜNEN bieten unsere Zusammenarbeit an.

(Hofmann (CSU): Sehr gut!)

Ihr habt die Macht, wir die Ideen und Konzepte.

(Heiterkeit und Beifall beim BÜNDNIS 90/DIE GRÜNEN - Lachen bei der CSU)

Ihr dürft von mir aus die Minister und die Sonntagsredner stellen - wir wissen, wie es geht. Wir werden jedenfalls nicht aufgeben und zusammen mit der Fraktion vom BÜNDNIS 90/DIE GRÜNEN für unsere Bauernfamilien kämpfen.

(Beifall beim BÜNDNIS 90/DIE GRÜNEN)

Erster Vizepräsident Hiersemann: Herr Kollege Daxenberger, Ihrer Fraktion verbleibt eine Restredezeit von elf Minuten. Das Wort hat Herr Abgeordneter Ranner.

Ranner (CSU) (vom Redner nicht autorisiert): Herr Präsident, liebe Kolleginnen und Kollegen! Nach dieser kabarettreifen Vorstellung des Herrn Kollegen Daxenberger versuche ich, wieder sachliche Atmosphäre in die Debatte zu bringen.

(Dr. Fleischer (BÜNDNIS 90/DIE GRÜNEN): Ranner gesteht eine Niederlage ein!)

Die Landwirtschaft ist in ihrer Vielfachfunktion

(Weitere Zurufe vom BÜNDNIS 90/DIE GRÜNEN)

- hört mit dem Kasperltheater auf! - mit der Bienenzucht zu vergleichen, meine lieben Freunde.

(Starzmann (SPD): Was sind das für Bienen? - Unruhe beim BÜNDNIS 90/DIE GRÜNEN)

- Da sieht man, daß Sie von Ökologie nichts verstehen.

[...]

Kapitel 3

„Mit Herzblut für die Gemeinde"

Bürgermeister von Waging am See 1996 – 2008

3 Bei den Kommunalwahlen 1996 trat Sepp Daxenberger in seinem Heimatort, der Marktgemeinde Waging am See, als Kandidat für das Bürgermeisteramt an (Text 24). Die Stichwahl, die am 24. März 1996 stattfand, konnte er mit 58 Prozent der Wählerstimmen für sich entscheiden. Damit wurde er der erste hauptamtliche grüne Bürgermeister in Bayern und erregte als solcher landes-, ja bundesweit Aufmerksamkeit. Sein Landtagsmandat gab er auf.

Nach hundert Tagen im Amt wurde er von der Presse gebeten, eine erste Bilanz zu ziehen. Sie fiel gemischt aus und nimmt im Kern mehr oder weniger vorweg, was sein Resümee einer am Ende zwölf Jahre währenden Amtszeit insgesamt sein wird. Er verweist auf seine Initiativen und Erfolge – in aller Bescheidenheit nennt er das „ein paar Akzente setzen" – bringt wie beiläufig genau auf den Punkt, worum es ihm geht – „ein Klima schaffen, in dem sich die Leute mit ihrer Gemeinde identifzieren" –, nennt pragmatisch, sachlich und ganz konkret die Themen, die ihm wichtig sind und bezeichnet seine persönliche Grundhaltung, nämlich immer auch „über den Tellerrand hinauszuschauen". Zugleich spricht er an, dass es auf „höherer" politisch-administrativer Ebene

Erste Ausgabe der „Waginger Gemeindezeitung", Juni 1996.

erkennbare Versuche gab, ihm das Leben schwer zu machen – einfach deshalb, weil er eben ein grüner Bürgermeister ist (Text 25).

Als einer seiner ersten Amtshandlungen setzte er das ins Werk, was er von jeher (also seit 1984) stets gefordert und im Wahlkampf angekündigt hatte: eine transparente Gemeindepolitik, bei der alle informiert, gefragt, einbezogen werden. „Alle", das heißt: Die Gemeinderatsmitglieder werden vor jeder Sitzung über die anstehenden Themen in Kenntnis gesetzt und es werden Tischvorlagen ausgegeben; alle Sitzungen, auch Ausschuss-Sitzungen, finden öffentlich statt; alle Bürgerinnen und Bürger der Gemeinde erhalten frei Haus eine – werbefreie – Gemeindezeitung, in der der Bürgermeister regelmäßig über Arbeit, Beschlüsse und anstehende Themen im Gemeinderat berichtet, und die gleichzeitig ein offenes Forum bietet, in dem jeder Einzelne sowie Vereine, gemeindliche Einrichtungen und private Initiativen ihre Anliegen formulieren, sich selbst und ihre Aktivitäten darstellen und ihre Meinung sagen konnten. Das erste „Waginger Seeblattl" (damals noch „Waginger Gemeindezeitung") erblickte im Juni 1996 das Licht der Welt.

Die Losung von der „Mitmach-Demokratie" kam bei den Bürgern an. Der Sitzungssaal konnte die vielen Besucher der Gemeinderats-Sitzungen kaum fassen. Zu den ersten Bürgerversammlungen Anfang des Jahres 1997 kamen insgesamt rund 620 Besucher – ein Rekord. Als sich im Frühjahr bei den Haushaltsberatungen infolge eines Anstiegs der Kreisumlage ein Engpass bei den gemeindlichen Finanzen abzeichnete, fand Sepp Daxenberger als erstes Einsparmaßnahmen bei sich selbst: Die 1800 DM, die er monatlich als Aufwandsentschädigung für den Vorsitz der Verwaltungsgemeinschaft Waging bekam (eine Funktion, die dem Bürgermeister von Waging durch sein Amt zukommt), erachtete er als zu hoch und schlug deshalb eine Kürzung von 500 Mark vor, die dann auch vorgenommen wurde.

Im Oktober 1997 wurde Benedikt, der dritte Sohn von Gertraud und Sepp, geboren.

Wegmarken der ersten Amtszeit (1996 – 2002) sind sein Einsatz für die Kinder und Jugendlichen der Gemeinde – ein Kinderferienprogramm wurde eingeführt, im Ortsteil Tettenhausen wurde ein neuer Kindergarten in Holzbauweise errichtet (mit alternativer Stromerzeugung), ein Erlebnisspielplatz geschaffen, ein Jugendtreff und ein Skateboardplatz eingerichtet. Nachhaltige Maßnahmen erfolgten auch im

Umwelt- und Naturschutz – ein Bauern- und Handwerkermarkt wurde etabliert, ein kommunales Energiekonzept wurde erstellt (samt einem Förderprogramm „Erneuerbare Energien"), ein Gewässerpflegeplan wurde ausgearbeitet, ein Biomasse-Hackschnitzelheizwerk zur Nahwärmeversorgung gebaut. Am Ende von Sepp Daxenbergers erster Amtszeit steht die Gemeinde bestens da.

Im Frühjahr 2002 wählten die Wagingerinnen und Waginger ihn mit einer Zustimmung von 76 Prozent erneut zum Bürgermeister. Im Herbst des Jahres bewarb er sich als Landesvorsitzender der Bayerischen Grünen. Dabei machte er von Anfang an klar, dass er als hauptamtlicher Bürgermeister in Waging kommunaler Wahlbeamter ist und deshalb ehrenamtlich als Landesvorsitzender tätig wäre, dass er sich den Bürgerinnen und Bürgern der Gemeinde verpflichtet fühlt und sie nicht unter seinem parteipolitischen Engagement leiden dürften. Am 24. November 2002 wurde er auf dem Parteitag in Bamberg im ersten Wahlgang mit 72 Prozent der Stimmen zum Landesvorsitzenden gewählt. Zusammen mit Margarete Bause, die in ihrem Amt bestätigt wurde, bildete er nun die Doppelspitze der Partei Bündnis 90 / Die Grünen in Bayern.

Das Jahr 2002 kann somit als ein Höhepunkt in der bisherigen Laufbahn des beliebten und erfolgreichen Politikers gelten. Weitere Höhe-

Waginger Bauernmarkt

punkte hätten folgen können, doch im Jahr darauf, im Dezember 2003, bestätigte sich ein schlimmer Verdacht: Sepp Daxenberger war an Krebs erkrankt. Die Diagnose lautete Plasmozytom (auch Morbus Kahler), eine Mischung aus Blut- und Knochenkrebs, die selten auftritt und als unheilbar gilt. Für die Öffentlichkeit kam die Nachricht überraschend – nicht für ihn selbst; er wusste bereits seit einigen Jahren aufgrund seiner schlechten Blutwerte, dass Gefahr für ihn bestand, an Krebs zu erkranken.

Im Laufe des Jahres 2004 war er für insgesamt zweieinhalb Monate in stationärer Behandlung. Als er im Januar 2005 die alljährlichen Bürgerversammlungen abhielt, sprach die Zeitung schon von „überstandener Krankheit". Doch Sepp Daxenberger war sich darüber im Klaren, dass es keine Heilung gab, allenfalls einen Stillstand im Krankheitsverlauf. Schon 2006 brach die Krankheit erneut aus. Im Mai feierte er noch sein zehnjähriges Bürgermeister-Jubiläum, zu dem er Gerhard Polt und die Biermösl-Blosn einlud und 1300 Besucher herbeiströmten. Im Juli ging er zur Vorbereitung drei Wochen ins Krankenhaus, und ab September unterzog er sich in München einer kräftezehrenden, mehrere Wochen dauernden Fremdstammzellen-Transplantation, bei der sein Immunsystem auf Null gefahren wurde, mit begleitender Chemo-Therapie. Dem folgte eine mehrwöchige Regenerationsphase, die er abgeschirmt von Menschen daheim auf seinem Bauernhof verbrachte, um

Waginger Zug nach Traunstein

sich keine Infekte zuzuziehen und wieder zu Kräften zu kommen. So konnte er auch nicht anwesend sein, als seine Partei ihn im Herbst mit überwältigenden 92,5 Prozent im Amt des Landesvorsitzenden bestätigte. Im Dezember 2006 kehrte er ins Rathaus zurück und nahm seine Arbeit wieder auf.

Im Juli 2007 gab er bekannt, dass er bei der nächsten Kommunalwahl im März 2008 nicht mehr als Bürgermeisterkandidat für Waging am See antreten und sich stattdessen künftig ausschließlich der Landespolitik zuwenden werde. Am Ende seiner Amtszeit konnte er einen soliden Gemeindehaushalt vorweisen. Wie gewohnt selbstbewusst, aber ohne viel Aufhebens zu machen, hielt er fest, dass er die Finanzen so übergebe, wie er sie auch übernommen habe, nämlich in einem guten Zustand. Die Rücklagen betrugen, wie auch zu Beginn seiner Amtszeit, rund 4 Millionen Euro, die Pro-Kopf-Verschuldung war von 172 Euro im Jahr 1996 auf 52 Euro gesunken.

In Sepp Daxenbergers Bürgermeisterzeit fallen Initiativen wie die Agenda 21, die Bürgerinnen und Bürgern Gelegenheit gab, aktiv am gemeindlichen Geschehen mitzuwirken. Unter seiner Leitung beschloss die Gemeinde die Einführung der Mittagsbetreuung in der Grundschule, später dann die Einrichtung einer „Offenen Ganztagsschule" an der Hauptschule. Als erklärter Gegner von Privatisierungen öffentlicher Aufgaben sorgte Sepp Daxenberger dafür, dass die Gemeindewerke Waging gegründet und die Stromversorgung somit in kommunaler Hand blieb und das gesamte Stromnetz in gemeindlichen Besitz kam. Während die Gemeindewerke Gewinne erzielten, konnten die Waginger sich über niedrigste Strompreise im bundesweiten Vergleich freuen. Zielstrebig arbeitete er daran und schaffte es, dass die Gemeinde durch eigene Brunnen wieder eine unabhängige Wasserversorgung bekam.

Obwohl Betreuung und Pflege alter Menschen keine gemeindlichen Pflichtaufgaben sind, setzte Sepp Daxenberger – nach einer Unterschriftensammlung Waginger Bürger – durch, dass das Seniorenheim im Besitz der Gemeinde blieb. Die Schließung des Krankenhauses konnte er indessen trotz größter Bemühungen nicht verhindern – was vielleicht möglich gewesen wäre, wenn er nur das „richtige" Parteibuch gehabt hätte und auf vorbehaltlose Unterstützung durch den Landkreis hätte setzen können. Durch umsichtiges Handeln konnte er die Schließung des Hauses ohne finanzielle Verluste bewerkstelligen und so Schlimmeres verhindern.

In der zweiten Amtsperiode hatte sich das Klima im Gemeinderat verschlechtert, wie er bedauernd feststellte. Politische Gegner verlagerten die Auseinandersetzung auf die persönliche Ebene, verbreiteten die Meinung, dass Sepp Daxenberger infolge seines Parteivorsitzes nicht mehr genügend Zeit für Waging hätte, brachten Gerüchte und Verleumdungen in Umlauf. Seiner Beliebtheit und Wertschätzung bei der Bevölkerung konnte dies jedoch keinen Abbruch tun.

Es ist hier nicht der Raum, umfassend zu würdigen, kritisch zu analysieren oder auch nur in Einzelheiten darzustellen, was Sepp Daxenberger als Bürgermeister der Marktgemeinde Waging am See in zwölf Jahren Amtszeit geleistet hat. Vielmehr geht es hier zunächst darum, ihn noch einmal selbst zu Wort kommen zu lassen und auf diese Weise sein Wirken als Bürgermeister zu vergegenwärtigen. Und was könnte diesen Zweck besser erfüllen als die Erinnerung an die Worte, mit denen er sich in jeder Ausgabe des Waginger Seeblattls an die Bürgerinnen und Bürger der Gemeinde gewandt hat. In diesen „Grußworten" ging er auf aktuelle Ereignisse in der Gemeinde, interessante Themen und immer wieder auf das ein, was ihn persönlich bewegte. Was er damals zu sagen hatte, war und ist für die Menschen nicht nur in Waging von Belang (Texte 26 – 55).

Mit der Schwester Resi

24

Kandidatur als Bürgermeister in Waging 1996

Sepp Daxenberger

– heimatverbunden – bodenständig, eindeutig!

„Meine Heimat, unser Bauernhof und meine Familie sind für mich Auftrag genug, die Interessen der Gemeinschaft und der kommenden Generation in den Mittelpunkt zu stellen . . .“

Sepp Daxenberger, geboren 1962, lebt seit seiner Geburt in Nirnharting und bewirtschaftet dort zusammen mit seiner Frau Gertraud, den Söhnen Felix (5 Jahre), Kilian (3 Jahre) und seinen Eltern einen Bauernhof. Neben der Berufsausbildung zum Landwirt hat er auch den Beruf des Schmieds erlernt, den er bis zu seiner Wahl in den Landtag ausgeübt hat. Schon frühzeitig hat Sepp Daxenberger durch die Übernahme zahlreicher Ehrenämter in der Jugend- und Naturschutzarbeit, z. B. als langjähriger Schulsprecher, sein Engagement für andere unter Beweis gestellt. Während seiner Zivildienstzeit hat er die Arbeit mit Alten, Kranken, Schwachen und Behinderten kennen und schätzen gelernt.

Sepp Daxenberger hat in den letzten 5½ Jahren Landtagszugehörigkeit über den Ökofonds mehr als 125.000 DM an soziale und ökologische Projekte aus seinen Diäten gespendet!

– als Politiker anerkannt, kompetent und überzeugend

Sepp Daxenberger, einer der jüngsten Landtagsabgeordneten, hat sich durch fundierte Arbeit, überzeugende Sachkenntnis und sein bayerisches Naturell über Parteigrenzen hinweg große Anerkennung und Respekt verschafft.

Seit 12 Jahren im Kreistag für Bündnis 90/DIE GRÜNEN, von 1984 bis 1990 im Gemeinderat, seit 5½ Jahren im Landtag. Dort ist Sepp Daxenberger seither auch Agrarpolitischer Sprecher, Jugendpolitischer Sprecher. Als Referent und Redner ist er inzwischen weit über die Grenzen Bayerns hinaus gefragt. Sepp Daxenberger hat über den Tellerrand der Kommune hinausgeschaut. Trotzdem ist er immer auch mit Herz und Seele Kommunalpolitiker geblieben, der für die Bevölkerung ein kompetenter Ansprechpartner ist. Politische Allüren sind ihm ebenso fremd, wie die sonst so häufig zu beobachtende Arroganz unserer Volksvertreter.

Auch in der Fußballmannschaft des Landtags sind Sepp Daxenbergers Torwartqualitäten gefragt. Hier im Mittelpunkt des Medieninteresses beim Spiel des Landtags im Gottlieb-Daimler-Stadion in Stuttgart.

25

Alt-Neuöttinger Anzeiger Nr. 183 **Seite 9, 1996**

Sepp Daxenberger, Bayerns erster grüner Bürgermeister

100 Tage im Amt und noch stets grün hinter den Ohren

Waging am See. Die Schonzeit ist vorbei – 100 Tage sind seit der Amtsübernahme vergangen. Der Biobauer Sepp Daxenberger, erster grüner Bürgermeister in Bayern, hätte dieses kleine Jubiläum fast vergessen. Der Alt-Neuöttinger Anzeiger erinnerte ihn daran – und besuchte ihn gestern im Waginger Rathaus.

Wie ist das, erster grüner Bürgermeister in Bayern zu sein?

Am Anfang ist das schon etwas Besonderes, weil das Interesse der Öffentlichkeit besonders groß ist. Aber sonst ist es kein Unterschied, ob man Erster oder Zehnter, Grüner oder Schwarzer ist, die Arbeit ist halt da.

Was konnten Sie auf die „grüne Art" bisher schon erreichen?

Ich denke schon, daß es mir gelungen ist, ein paar Akzente zu setzen. Stichworte sind etwa die Möglichkeit der besseren Mitsprache der Bevölkerung, den Wagingern das Gefühl zu geben, daß es ihre Gemeinde ist und daß ihre Meinung bedeutend ist. Für den Herbst habe ich mir vorgenommen, im ökologischen Bereich ein paar Akzente im Bereich des Gewässerschutzes und im Bereich der Energieversorgung zu setzen, etwa Energiespargutachten für die gemeindlichen Einrichtungen oder die Förderung von Solarenergie. Für den Waginger See hoffe ich, daß wir ab Herbst bereits ein neues Schutzprogramm bekommen, mit dem man beispielsweise auch in sensiblen Bereichen die Düngung zurückfahren kann.

Sind Sie jetzt nach 100 Tagen als Bürgermeister noch grün hinter den Ohren?

Ja, sicher. Ich wickle ja noch viele Sachen ab, die der vorhergehende Gemeinderat beschlossen hat. Und ich muß noch viel fragen in der Verwaltung, muß auch lernen, wo sind Kapazitäten da, um was muß ich mich selbst kümmern, was kann ich anderen überlassen – von daher ist es schon noch eine Lernphase und brutal viel Arbeit. Ich muß ja einerseits den Laden kennenlernen und gleichzeitig als neuer Bürgermeister auch Akzente setzen. Ich will ja das, was vor der Wahl versprochen wurde, in die Wege leiten.

Gab es da schon erste Ergebnisse?

Ja. Im Moment suche ich Räume für unsere Jugend. Die Gemeindezeitung ist im Juni erstmals herausgekommen und gut angekommen. Ich hab das Kinderferienprogramm mit einem Fest bei mir auf dem Hof gestartet. Das sind so kleine Gesten, die Arbeit machen, die nicht großartig die Gemeinde verändern, aber das schafft ein Klima, in dem sich die Leute mit ihrer Gemeinde identifizieren.

Vermissen Sie Ihr Amt als Landtagsabgeordneter?

Na, ja, ein wenig. Mir fehlen die Freundschaften im Landtag, mir fehlt, daß ich als Landtagsabgeordneter in ganz Bayern herumgekommen bin. Ich möchte auch mal wieder über den Waginger Tellerrand hinausschauen. Die Anfragen für Referate sind immer noch da, die würde ich auch gerne machen, aber ich bin ja schon fast jeden Abend in Waging ausgebucht. Die Politik fehlt mir überhaupt nicht. Manchmal bin ich sogar froh, daß ich mich jetzt um die konkreteren Sachen im Kleinen kümmern kann, auch wenn es banaler ist, ich kann hier mehr realisieren.

Was gehört zu Ihren Lieblingsaufgaben als Bürgermeister?

Momentan sind mir am liebsten die Kontakte zu den Kindern und Jugendlichen. Es ist schön, wenn diese Altersschicht merkt, man interessiert sich für ihre Anliegen – und die sind sehr dankbar, daß man sie einfach nur um ihre Meinung fragt. Und das Leiten von Sitzungen macht mir Spaß.

Was hat Sie in den ersten 100 Tagen am meisten gefreut, was am meisten geärgert?

Gefreut hat mich am meisten, daß ich im Gemeinderat eine sehr hohe Akzeptanz habe, daß da wirklich nur die Sachthemen im Mittelpunkt stehen – obwohl wir drei gleichstarke Gruppen haben. Was mich am meisten geärgert hat, hängt mit Leuten zusammen, die mich im Wahlkampf massiv bekämpft haben und die jetzt sofort mit Forderungen da sind, was sich ändern, was passieren muß. Die stehen vor der Tür und verlangen Sachen, die auch nicht nur in der Hand der Gemeinde liegen, weil es sich etwa um eine Kreisstraße handelt. Und was mich auch ärgert, ist, daß es einzelne Behörden gibt, bei denen ich das Gefühl habe, ich werde, weil ich ein Grüner bin, geschnitten oder man läßt mich zappeln. Möglicherweise hängt das damit zusammen, weil ich als grüner Landtagsabgeordneter mit mancher Behörde die Klingen gekreuzt habe.

Welche Erwartungen an das Bürgermeisteramt haben sich nicht oder in besonderem Maße erfüllt?

Ich hab mir zwar erwartet, daß die repräsentativen Aufgaben viele sind, daß es aber so massiv ist, hätte ich nicht gedacht. Was mich absolut überrascht hat: Man hat als Bürgermeister in einer Gemeinde einen wesentlich höheren Stellenwert als das als Landtagsabgeordneter der Fall war. Das erschreckt mich manchmal, macht aber auf der anderen Seite auch wieder Spaß, wenn die Leute sagen, „Griaß di, Bürgermoaster".

Das entschädigt Sie dann vielleicht auch dafür, daß Sie rund 1000 Mark weniger im Monat verdienen?

Na, ja, ich brauch' auch dadurch, daß ich nicht mehr in München bin, wesentlich weniger Geld.

War Ihre Wahl zum Bürgermeister ein Aufschwung für die Grünen?

Ja, denn es hat uns dahingehend weitergebracht, daß die Grünen salonfähig geworden sind und daß die Grünen auch damit die Chance sehen können, daß wir auch mehrheitsfähig sein können. Auf der anderen Seite ist es insofern ein Verlust für die Region, als ich da nicht mehr so präsent sein kann. Ich mach jetzt keine grüne Politik, sondern Kommunalpolitik für die Gemeinde Waging.

Wie kommen Sie denn jetzt mit der Arbeit auf Ihrem Hof zurecht?

Das ist wesentlich schwieriger geworden als zu Landtagszeiten. Ich bin jetzt zwar jeden Tag daheim, kann in der Früh ein bißchen auf dem Hof mitarbeiten, im Stall helfen, Futter oder Gras holen. Melken tu ich bloß noch ab und zu am Wochenende. Aber insgesamt kann ich mich so ein bißchen um die täglich anfallenden Arbeiten kümmern. Es ist auch schön, daß jetzt wenigstens jeden Tag beim Frühstück die ganze Familie zusammensitzt. Schlechter ist, daß ich jetzt nicht mehr wie früher in der Regel wenigstens einen Tag die Woche ganz daheim bin. Das klappt nicht mehr. Aber ich hoffe, daß das nach der Anfangsphase ein bißchen leichter wird, daß ich einmal in der Woche einen halben Tag frei machen kann. Denn momentan geht die Hofarbeit schon sehr zu Lasten der Familie. Abends bin ich auch meist unterwegs und wenn ich mal zuhause bin, dann klingelt das Telefon. Als Bürgermeister ist man halt immer im Dienst.

Das Gespräch führte Ina Lambach

26

Waginger Gemeindezeitung Nummer 1 Juni 1996

Zukunft gestalten, Bewährtes erhalten!

Liebe Waginger Bürgerinnen und Bürger!

Gerade halten Sie die erste Waginger Gemeindezeitung in Ihren Händen. Es war einstimmiger Beschluß des neu gewählten Gemeinderats, mit einer eigenen Gemeindezeitung den Informationsfluß der Gemeinde an ihre Bürgerinnen und Bürger zu verbessern. Gleichzeitig soll die Zeitung aber auch als Diskussionsforum genutzt werden. Es soll kein Mitteilungsblatt des Bürgermeisters oder der Verwaltung werden, sondern die Zeitung aller Waginger Bürgerinnen und Bürger. Ich möchte Euch deshalb alle ermuntern, an dieser Zeitung mitzuarbeiten. Diese Zeitung soll auch Zeichen für die Offenheit der Gemeindepolitik sein und Garant für bürgernahe Entscheidungen in Gemeinderat und Verwaltung.

Die Kommunalwahlen liegen bereits einige Monate hinter uns. Der Marktgemeinderat hat seine Arbeit aufgenommen und auch ich habe mich inzwischen in mein neues Amt gut eingearbeitet. Die Arbeit für die Gemeinde und die Bürgerinnen und Bürger macht mir große Freude. Ich möchte mich bei dieser Gelegenheit noch einmal sehr herzlich für das große Vertrauen bedanken, das mir von Euch bei der Wahl zum Bürgermeister entgegengebracht wurde. Aber nicht nur der Bürgermeister der Marktgemeinde Waging ist neu gewählt worden. Nicht weniger als 10 der 20 Waginger Gemeinderatsmitglieder sind neu in diesem Gremium. Bedanken möchte ich mich auch im Namen aller Gemeinderätinnen und Gemeinderäte. Wir würden uns freuen, wenn das in uns gesetzte Vertrauen auch die Unterstützung unserer zukünftigen Arbeit mit sich bringt.

Mein Landtagsmandat habe ich bereits Anfang Mai abgegeben. Streit und Ärger aus der Zeit vor den Wahlen sind längst vergessen. Das gemeinsame Ziel aller Gemeinderatsmitglieder ist die erfolgreiche Zusammenarbeit zum Wohle der Gemeindebürger. Ich bin fest überzeugt, daß die in der Gemeinde anstehenden Probleme und Aufgaben auch bei unterschiedlicher Meinung und verschiedenen Ansichten mit gegenseitigem Vertrauen, Kollegialität und Rücksichtnahme gemeistert werden können.

Großes Lob haben sich die Wagingerinnen und Waginger für die hohe Wahlbeteiligung bei den Kommunalwahlen '96 verdient. Über 80 Prozent Wahlbeteiligung ist im Landkreis Spitze und bezeugt das große Interesse der Wagingerinnen und Waginger an demokratischer Willensbildung. Herzlichen Dank dafür. Das Ergebnis der Wahl und die Zusammensetzung des neuen Gemeinderats mag für viele überraschend gewesen sein. Das Motto meiner Bürgermeisterkandidatur lautete: „Bewährtes erhalten, Zukunft gestalten". Die Zusammensetzung des Waginger Marktgemeinderats verspricht eine gelungene Mischung zum Erreichen beider Zielvorgaben. In der Gemeinde werden erfolgreiche und bewährte Entwicklungen fortgesetzt. Gleichzeitig ist aber auch der Mut erforderlich, ausgetretene Wege zu verlassen und Neues auszuprobieren, denn neu aufgetauchte Probleme verlangen neue Lösungsvorschläge.

Die Zukunft wird viele neue Probleme bringen. Die „goldenen Zeiten" sind vorbei, auch in der Kommunalpolitik werden die finanziellen Spielräume immer enger, manches Wünschenswerte ist nicht mehr finanzierbar. Ich bin aber davon überzeugt, daß in der Marktgemeinde Waging auch in Zukunft das Notwendige getan und auch finanziert werden kann. Die Finanzen in der Gemeinde sind solide. Dafür möchte ich mich vor allem bei meinem Vorgänger, Altbürgermeister Alois Heigermoser, bedanken. Seiner umsichtigen und weitblickenden Arbeit ist es zu verdanken, daß ich als Bürgermeister nun eine wohlgeordnete, finanziell gesunde Gemeinde führen darf.

Allen Leuten recht getan…

Politik – und damit auch die Kommunalpolitik in der Marktgemeinde Waging – kann niemals alles richtig machen und es schon gar nicht allen recht machen. Ich werde jedoch bemüht sein, die Entscheidungen des Marktgemeinderats und der Verwaltung so transparent zu machen, daß die Gründe auch für jene verständlich sind, die eine andere Entscheidung bevorzugt hätten. Womöglich wird mancher Beschluß jemandem Enttäuschung oder Ärger bereiten. Dafür bitte ich heute schon um Entschuldigung. Grundlage jeder Entscheidungsfindung muß das Interesse der Gemeinde und das Gemeinwohl sein; Interessen einzelner haben im Zweifelsfall dahinter zurückzustehen. Ich erwarte nicht immer Verständnis oder gar Unterstützung für mein Handeln, ich erwarte aber das, was ich selbst allen anbiete – eine offene und ehrliche Aussprache! Für Hinterhältigkeit und boshafte Verleumdung soll kein Raum bleiben.

Durch meine langjährige politische Arbeit habe ich das Streiten und Kämpfen für meine Vorstellungen und Ziele gelernt. Ich werde das auch in Zukunft mit offenem Visier tun und erwarte auch von Euch dieselbe Offenheit. Meine Erfahrung lehrt mich, daß Ehrlichkeit im politischen Handeln zwar nicht immer bequem, auf Dauer aber erfolgreicher ist. In jedem Fall werde ich für Euch ein offenes Ohr und die notwendige Zeit für ein klärendes Gespräch haben. Übt bitte etwas Nachsicht, wenn ich das eine oder andere in der Hektik des Alltagsgeschäfts vergessen sollte, oder manches länger dauert als erwartet oder gar zugesagt. Dahinter steckt gewiß keine Geringschätzung oder gar Mißachtung. Habt bitte keine Scheu, mich zum gegebenen Zeitpunkt nochmal zu erinnern.

Mein großer Wunsch ist es, daß die Marktgemeinde Waging am See und alle Bürgerinnen und Bürger eine gute Zukunft haben. Ich möchte mein Amt als Bürgermeister so ausüben, daß ich nach sechs Jahren Amtszeit allen mit gutem Gewissen offen in die Augen schauen kann. Streiten um die Sache ist wichtig und richtig, sollte aber nie zu persönlichen Verletzungen des anderen führen.

Ich stehe mit beiden Beinen fest auf dem Boden der Waginger Tatsachen, trage den Kopf aber ab und zu über dem Himmel, um Gutes noch besser zu machen!

Euer Bürgermeister

27

Waginger Seeblattl 2 September 1996

Geteilte Freude ist doppelte Freude!

Liebe Waginger Bürgerinnen und Bürger!

Der Sommer, der vom Wetter her eigentlich gar keiner war, ist endgültig vorbei. Die Pullover werden aus dem Schrank geholt. Jetzt ist es abends in der warmen Wohnung (vielleicht sogar am Kachelofen) wieder am schönsten. Die richtige Zeit, mal die Hektik des Alltags abzuschütteln, nachzudenken über Vergangenes, Pläne zu schmieden für die Zukunft. Vielleicht gelingt es dabei auch, den einen oder anderen Gedanken wegzulenken vom eigenen Streben, dem eigenen ICH. Es gibt vieles um uns herum, was unsere Aufmerksamkeit verdient hätte, viele Menschen, die Unterstützung und Hilfe brauchen. Manchmal erscheint es einem schwierig oder sogar unmöglich, wirksame Hilfe zu leisten. Aber wie einfach ist es oft, mit einen freundlichen Lächeln oder einem Wort der Anerkennung andere zu erfreuen. Mit Freundlichkeit geht alles leichter, Probleme werden kleiner, und es bewahrheitet sich das alte Sprichwort, daß geteilte Freude doppelte Freude ist.

Gemeindezeitung gut angekommen

Die Gemeindezeitung ist auf große Resonanz gestoßen, und ich habe viele positive und ermunternde Worte gehört. Überwältigt bin ich von der großen Zahl der Rückmeldungen bei unserem kleinen Gewinnspiel. Es gab nicht weniger als 117 Vorschläge für den zukünftigen Titel unserer Zeitung! Auch ging eine ganze Reihe von Beiträgen, Anregungen und Vorschlägen für unsere Zeitung ein. Der Versuch „Gemeindezeitung" kann von meiner Seite aus bereits jetzt als Erfolg bezeichnet werden.

Gemeinnutz geht vor Eigennutz!

Die schönste Freude erlebt man oft da, wo man sie am wenigsten erwartet. Immer wieder werde ich gefragt, ob ich mich schon eingelebt habe als Bürgermeister, wie ich zurechtkomme mit meiner Arbeit. Ich kann dazu nur sagen, daß es mir viel Freude macht und ich es als großes Glück empfinde, Bürgermeister in der Gemeinde Waging am See sein zu dürfen. Natürlich bleibe ich bei meiner Tätigkeit von Ärger oder mancher Unannehmlichkeit nicht verschont. Nicht alles klappt so, wie ich es mir wünsche oder vorstelle. So manches Anspruchsdenken fordert meinen Widerspruch. Nicht alles, was für den Einzelnen gut ist, ist auch für die Allgemeinheit richtig.

Manchmal liege aber auch ich falsch mit meiner Meinung und lasse mich gerne eines Besseren belehren. Bisher aber konnten Differenzen immer ohne Verletzungen, Streit und Beleidigungen ausgetragen werden, und so soll es auch in Zukunft bleiben – eine Zukunft, in der sicher manches schwieriger wird, wo die öffentliche Hand immer weniger Möglichkeiten hat und Eigeninitiative immer wichtiger wird.

Es sind die kleinen Dinge, die mich in meiner Arbeit täglich erfreuen, und diese Freude an meiner Arbeit möchte ich auch an Euch weitergeben.

Euer Bürgermeister

28

Waginger Seeblattl 3 Dezember 1996

Miteinander für die Gemeinde arbeiten

Liebe Waginger Bürgerinnen und Bürger!

Jetzt, wenige Tage vor Weihnachten, ist eine gute Gelegenheit, zurückzublicken auf das vergangene Jahr. Sich Gedanken zu machen, was passiert und was uns gelungen ist, aber auch zurückzublicken auf das, was nicht so gewesen ist, wie wir es uns vorgestellt hatten, wo wir Fehler gemacht haben. Der Rückblick ist auch notwendig, um nach vorne schauen zu können. Ein Sprichwort sagt: „Wer seine Wurzeln nicht kennt, findet den Weg nicht." Mehr noch müßte man sagen: „Wer den Weg nicht kennt, wird niemals das Ziel erreichen."

Das neue Jahr nähert sich mit raschen Schritten. Eine ganze Reihe von Aufgaben wartet auf die Gemeinde, aber sicherlich auch auf Sie, liebe Bürgerinnen und Bürger. So hat jede und jeder seinen Kummer und seine Sorgen. Ich denke aber, daß wir weniger den Kummer und die Sorgen betrachten sollen als vielmehr die Chancen, die Möglichkeiten und die Freude, die uns ganz sicher auch 1997 erwartet. Gerade in der Gemeindepolitik können wir mit Stolz auf so manches Erreichte zurückblicken und mit einer gewissen Zuversicht ins neue Jahr gehen. Gewiß, die Finanzen werden knapp, auch für die Marktgemeinde Waging am See. Unsere günstige Finanzsituation ermöglicht es, auch in den nächsten Jahren noch die eine oder andere Maßnahme durchzuführen. Es ist vieles in Planung, es gibt viele Wünsche, die sicher nicht alle umzusetzen und zu verwirklichen sind. Aber manches wird machbar sein.

Der Jahreswechsel ist immer auch Anlaß, sich etwas zu wünschen und gute Vorsätze zu fassen. Mein größter Wunsch für das Jahr 1997 ist, daß die hervorragende Zusammenarbeit in der Gemeinde und im Gemeinderat bestehen bleibt. Nur so, durch gemeinsames und geschlossenes Auftreten ist es möglich, die anstehenden Aufgaben zu bewältigen. Natürlich ist nicht jede Entscheidung des Gemeinderates allen Bürgern verständlich. Jedoch: Bevor über die eine oder andere Entscheidung geschimpft oder gelästert wird, möchte ich bitten, doch zuerst einmal diejenigen zu fragen, die an dieser Entscheidung beteiligt waren. Oft wird etwas erst dann verständlich, wenn man die Hintergründe und Beweggründe kennt. Völlig unverständlich aber wird es dann, wenn Gemeindebürger ohne Rückfrage und Aussprache direkt den Weg an die Regierung gehen, um sich über Maßnahmen der Gemeinde und über die Beschlüsse des Gemeinderates zu beschweren. Besonders ärgerlich ist es, wenn dabei auch noch das Streichen von Fördermitteln angeregt wird. Ich habe es bereits in einer der vorhergehenden Gemeindezeitungen angeboten: „Ich bin jederzeit für Gespräche, Anregungen und Anliegen da." Bisher habe ich noch nie ein Gespräch verweigert und das werde ich auch in Zukunft nicht tun. Jeder einzelne von uns ist gefordert, sich fair zu verhalten und angemessene Mittel zu wählen, um seiner Meinung und seinen Interessen Ausdruck zu verleihen.

Mehrmals in den letzten Monaten sind mir über viele Ecken und Umwege Vorwürfe zu Ohren gekommen, die sich direkt gegen meine Person richteten. Dabei handelt es sich oft um Behauptungen, die völlig aus der Luft gegriffen sind und nicht der Wahrheit entsprachen, sondern das Ziel hatten, mich als Privatperson oder als Bürgermeister zu verunglimpfen. Immer wieder ging es auch darum, daß ich meine Position als Bürgermeister angeblich ausnutzen würde, um für mich selbst und meine Familie Vorteile herauszuschlagen. Solche Anschuldigungen ärgern mich nicht nur, sie belasten meine gesamte Familie und vergällen mir manchmal auch meine ansonsten so schöne und interessante Arbeit als Bürgermeister für die Gemeinde und für die Bürgerinnen und Bürger. Anonym geschriebene Briefe finden bei mir grundsätzlich keine Beachtung, egal ob es sich dabei um Beleidigungen, Angriffe oder auch nur um Empfehlungen zu politischen Entscheidungen handelt. Bisher habe ich wohl noch keinem Menschen Veranlassung gegeben, sich nicht zu trauen, mir offen unter die Augen zu treten und mir seine Kritik direkt zu sagen. Ich werde auch in Zukunft mit offenem Visier, mit ehrlichen und klaren Positionen auftreten. Ich kann nicht mehr tun als Euch darum bitten, ebenso mit mir zu verfahren. Ich lasse mich auch gerne mal schimpfen, wenn ich es verdient habe. Aber ich muß auch die Chance bekommen, mich zu verteidigen, meine Überlegungen und meine Vorstellungen darzulegen. Ich bin der letzte, der Fehler oder Versäumnisse nicht auch eingesteht. Darum ist meine Bitte, zu Weihnachten und für das kommende Jahr an die Bürgerinnen und Bürger der Marktgemeinde, daß Ihr mit Eurer Kritik direkt zu mir kommt. Fragt mich selbst, ob bestimmte Behauptungen stimmen, bevor Ihr sie weitererzählt.

Ich weiß, daß die meisten von Euch mir vertrauen und mir für meine Arbeit viel Erfolg wünschen. Dieses Wissen macht mich glücklich, und ich möchte dieses Vertrauen nicht enttäuschen. Aber ich bin auch nicht so stark und dickhäutig, daß mich Angriffe, zumal wenn sie anonym sind und hinterrücks kommen, nicht auch belasten würden.

Das Jahr 1997 mit Optimismus beginnen

Mit der Unterstützung des Marktgemeinderates und Eurem Vertrauen ist es mir sicher möglich, auch im Jahr 1997 meine ganze Kraft für die Zukunft der Marktgemeinde einzusetzen. Dieser Zukunft sind wir verpflichtet, gerade im Hinblick auf unsere Kinder und auf den Schutz und Erhalt unserer Natur. Daher möchte ich das kommende Jahr auch nutzen, im Bereich des Natur- und Umweltschutzes einige neue Akzente zu setzen. Wir haben die Pflicht

und Schuldigkeit, unseren Beitrag zu leisten, daß auch die nächste Generation in einer schönen und gesunden Umwelt glücklich und zufrieden aufwachsen und leben kann. Dieser Umwelt- und Naturschutz ist unter den derzeitigen politischen Rahmenbedingungen nicht zum Nulltarif zu haben. Langfristig aber, davon bin ich überzeugt, werden sich Investitionen in den Umweltschutz nicht nur ideell, sondern auch finanziell positiv auswirken. So wollen wir im nächsten Jahr mit einem Energiesparkonzept beginnen. Selbstverständlich kann nicht alles, was umweltpolitisch sinnvoll wäre, sofort durchgeführt werden. Aber alles, was umweltpolitisch sinnvoll ist, muß irgendwann angegangen und umgesetzt werden. Dazu benötige ich nicht nur den Gemeinderat, sondern vor allen Dingen auch das Verständnis und die Unterstützung aus der Bevölkerung.

Wir leben in einer schönen Gegend mit einer Kulturlandschaft, die über Jahrhunderte von unseren Vorfahren, von den Bäuerinnen und Bauern geprägt und gepflegt wurde. Die agrarpolitische Entwicklung der letzten Jahre und die derzeitige Situation unserer Bauernhöfe bereitet mir große Sorge. Auch bei uns in der Gemeinde nimmt die Zahl der Betriebe ständig ab. Ich wage nicht daran zu denken, was passiert, wenn die Wiesen und Felder, die landwirtschaftlich genutzten Flächen nicht mehr von unseren Bauernfamilien gepflegt werden. Gemeindepolitik kann nicht die agrarpolitische Weichenstellung verändern, sie kann aber unseren Bauernfamilien Unterstützung zusichern und geben. Unbestreitbar ist, daß wir alle zusammen immer stärker auf Kosten der Natur leben. Ich denke, daß es auf Dauer nicht ohne ökologisches Steuerinstrument in unserer Gesellschaft geht: Ein Instrument, das umweltfreundliches Verhalten belohnt und umweltfeindliches Verhalten bestraft. Wir alle aber haben die Möglichkeit, uns bereits jetzt – und zwar ohne Belohnung und ohne Bestrafung – für das umweltfreundlichere Verhalten, für das umweltfreundlichere Produkt zu entscheiden. Es wäre schön, wenn sich dies mancher auch als guten Vorsatz für das Jahr 1997 vornehmen würde – und es dann auch verwirklicht.

In diesem Sinne wünsche ich allen ein gesundes und glückliches neues Jahr 1997 und ein frohes und gesegnetes Weihnachtsfest.

Euer Bürgermeister

29

Waginger Seeblattl 4 März 1997

Schwierigkeiten gemeinsam bewältigen

Liebe Waginger Bürgerinnen und Bürger!

Zunächst möchte ich mich bei Euch allen recht herzlich bedanken für den zahlreichen Besuch bei den Bürgerversammlungen im Januar dieses Jahres. Mit etwas weichen Knien bin ich in meine erste Bürgerversammlung als verantwortlicher Bürgermeister gegangen. Und dann war ich überwältigt: Mit Freude und gleichzeitig mit Schrecken sah ich, daß sich der Saal im Kurhaus immer mehr füllte – Schrecken eigentlich nur deshalb, weil ich mich durch den großen Andrang noch stärker verpflichtet fühlte, eine informative und interessante Bürgerversammlung in angenehmer Atmosphäre zu gestalten. Natürlich überwog dann die Freude darüber, daß so viele Bürgerinnen und Bürger Interesse zeigten an der Arbeit der Gemeinde, des Gemeinderats und auch des Bürgermeisters. Auch in Otting und Tettenhausen waren die Versammlungen gut besucht, und überall verliefen die Diskussionen sachlich, fair und anständig. Ich fühle mich durch Euer großes Interesse und durch die Teilnahme an den Bürgerversammlungen, aber auch durch den regen Besuch unserer Gemeinderatssitzungen in meiner Arbeit bestärkt und möchte Euch dafür nochmals herzlichen Dank sagen.

Fröhlichkeit ist gut für die Gesundheit, Mutlosigkeit raubt einem die letzte Kraft

Diesen Satz las ich kürzlich in einer Zeitschrift, die sich mit Umweltbelastung und Umweltgiften befaßt. Es ist mir damit aus dem Herzen gesprochen. Vielen Menschen, die zu mir in die Sprechstunde kommen, möchte ich diesen Satz gerne mit auf den Weg geben. Mit Mutlosigkeit und Zukunftsangst ist die Zukunft tatsächlich schwerer zu bewältigen. Mit Optimismus und Freude am Leben dagegen geht manches wie von selbst. Eine solche Aussage in einem Artikel über die zunehmende Vergiftung unserer Lebensgrundlagen zu finden, erscheint zunächst paradox. Aber wie wichtig ist es doch, bei allen Schwierigkeiten und Sorgen trotzdem die Lebenslust zu bewahren! Immer mehr Menschen werden von Existenzangst geplagt. Bei fast fünf Millionen Arbeitslosen in Deutschland und wenig Aussicht auf Besserung ist man leicht geneigt, alle Hoffnung aufzugeben. Und doch gibt es täglich viel Schönes und Angenehmes zu erleben; man muß es nur sehen und erkennen.

Unsere Kinder sind unser höchstes Gut, das wissen im Prinzip alle. Aber wenn ich mir anschaue, welchen Stellenwert Kinder in unserer Gesellschaft tatsächlich haben, dann drängt sich mir das Gefühl auf: Das Wissen ist zwar da, aber das Handeln fällt oft ganz anders aus. Das Ende der Kindheit scheint sich zu nähern. Statt den Kindern ihr Kindsein zu lassen werden kleine Erwachsene produziert. Kinderärzte berichten, daß bereits viele Kinder unter denselben „Managerkrankheiten" wie Erwachsene leiden. Rückenschmerzen, Herz- und Kreislaufschwächen, überhöhte Cholesterinwerte bei Jugendlichen sind nicht mehr die Ausnahme sondern schon die Regel. Das Einstiegsalter für Alkohol, Nikotin und andere Drogen sinkt beständig nach unten. Bereits jedes vierte Kind leidet unter Allergien oder Hautkrankheiten, ebensoviele haben Eßstörungen. Ist das die Kehrseite der Medaille, die vorne glänzt und Wohlstand heißt? Ist das die Zeche, die nun mal bezahlt werden muß? Dürfen wir zulassen, daß die nächste Generation die Zeche zahlt? Dürfen wir gleichgültig sein, wenn Kinder und Jugendliche kaum mehr Perspektiven für ihr eigenes Leben sehen? Wir haben die Erde von unseren Kindern nur geliehen und müssen eines Tages die Frage beantworten, warum wir die Erde, die Lebensgrundlage der nächsten Generationen, nicht heil und gepflegt, sondern stark beschädigt wieder zurückgeben.

Kinder und Jugendliche sind unsere Zukunft. Geben wir ihnen Freiräume und Geborgenheit, geben wir ihnen Achtung und Liebe, geben wir ihnen vor allem aber das, was wir alle brauchen, ein intakte Umwelt mit einem menschlichen Antlitz.

Euer Bürgermeister

Abenteuerspielplatz im Waginger Kurpark

30

Waginger Seeblattl 5 **Juni 1997**

Kinderlärm ist Zukunftsmusik!

Liebe Waginger Bürgerinnen und Bürger!

Wenn wir uns jetzt, bei schönem Wetter, Zeit nehmen zu einem Spaziergang – oder wie ich vor kurzem, um die Spielplätze in der Gemeinde aufzusuchen –, hören wir überall Kinder lachen und weinen, rufen oder schreien. Manchmal auch Gekreische, Geplärre, Streit und Versöhnung. Uns allen soll es warm ums Herz werden, wenn wir sehen und erleben können, wie sich unsere Kinder im Spiel entfalten. Spielen ist oft mit Lärm verbunden, es gehört einfach dazu. Wir brauchen uns nur an unsere eigene Kindheit zurückerinnern.

Wie angenehm ist doch das Schreien der Kinder beim Spielen im Vergleich zu den Autos und Motorrädern, die mit aufheulendem Motor an Wohnhäusern vorbeidonnern. Aber ob Sie es glauben oder nicht – über lärmende Fahrzeuge bekomme ich weitaus weniger Beschwerden als über zu laute Kinder! Dabei hören wir die Autos 24 Stunden am Tag. Tag und Nacht. Dabei sind Autos allgegenwärtig, Kinder nicht. Wenn einmal Kinder lachend, redend oder auch schreiend am Rathausfenster vorbeigehen, ist das für mich nur eine willkommene Abwechslung zu den laut dröhnenden Motoren.

Vielleicht liegt es daran, daß wir schon so abgestumpft sind und nur noch dann aufschrecken, wenn ein etwas außergewöhnlicher Lärm erzeugt wird. Aber sind Kinder denn etwas „Außergewöhnliches"? Sollten wir nicht gerade unseren Kindern die Freiräume geben, auch einmal laut sein zu dürfen?

[…]

Straßenlauf

31

Waginger Seeblattl 7 Dezember 1997

Mit Zuversicht ins neue Jahr

[...]

Es gibt kein ewiges Wachstum, und Lebensqualität ist nicht unbedingt mit materiellem Besitz gleichzusetzen; ich denke, daß wir um diese Erkenntnis nicht länger herumkommen. Lebensqualität muß neu definiert werden, damit auch die nachfolgenden Generationen langfristig eine Perspektive haben. Eine beklagenswerte Tatsache ist es allerdings, daß die Schere zwischen arm und reich immer weiter auseinandergeht, weltweit ebenso wie in unserer Gesellschaft. Auch bei uns gibt es mehr und mehr Menschen, die nichts mehr zu verlieren haben. Andererseits gibt es Menschen, die nicht mehr wissen, wohin mit dem ganzen Besitz und Vermögen. Ob diese dann auch immer glücklicher sind, ist eine andere Frage. Es ist auf jeden Fall klar ersichtlich, daß in einer solchen Entwicklung eine große Menge „sozialer Sprengstoff" steckt. Nicht von ungefähr gibt es immer mehr Banden, die sich das einfach nehmen, was sie sich nicht leisten können. Die Botschaft der bunten und schönen Werbewelt lautet: Nur wer unaufhörlich konsumiert, führt ein lebenswertes Dasein. Dies weckt natürlich bei vielen den Wunsch, an dem „großen Kuchen" teilhaben zu wollen – wenn es sein muß, mit Gewalt. Ellenbogendenken beginnt heute immer früher und prägt sich immer stärker aus. Soziales Engagement hingegen ist ständig auf dem Rückzug.

Lebensqualität muß von innen kommen

An der Art und Weise, wie eine Gesellschaft mit den Schwachen umgeht, erkennt man ihre Zukunftsfähigkeit. Danach zu urteilen, erscheinen wir nicht besonders zukunftsfähig. Es gibt immer mehr alte Menschen, die einsam sind, immer mehr Arbeitslose, die sich nutzlos vorkommen, immer mehr Menschen, die am Existenzminimum leben, immer mehr Kinder und Jugendliche, die zwar ihre materiellen Bedürfnisse befriedigen können, aber ansonsten perspektivlos sind, immer mehr junge Menschen, die kaum noch Kontakte haben, soziales Verhalten nicht mehr erlernen und für sich keine Zukunft sehen.

„Frage nicht, was der Staat für dich tun kann, sondern frage, was du für die Gemeinschaft tun kannst."

So oder ähnlich formulierte es der amerikanische Präsident Kennedy. Ich denke, daß jeder von uns diesen Wahlspruch in seinem Bereich beherzigen könnte. Ich würde mich freuen, wenn jeder sich selbst und sein Handeln kritisch betrachten würde und nachdenkt, wo und in welchem Bereich er selbst auch einen Beitrag für die Zukunftsfähigkeit unserer Gesellschaft leisten kann.

Ich wünsche Euch allen schöne Weihnachten und für das neue Jahr alles Gute, Gesundheit und Zufriedenheit,

Euer Bürgermeister

32

Waginger Seeblattl 9 Juni 1998

Solidarität statt Ellenbogendenken

Liebe Waginger Bürgerinnen und Bürger!

Die Fußball-Weltmeisterschaft ist im Gange und kaum jemand kann sich dem Fußball-Fieber entziehen. Der Kampf um die höchsten Würden des Fußballs, den Titel des Weltmeisters, gibt mir Anlaß zu einigen Gedanken. Immer mehr ist festzustellen, daß nur noch der Sieger Achtung und Beachtung findet. Nur noch der erste Platz ist das, was zählt und worauf es ankommt. In einer schnellebigen Zeit, die vielfach von den Medien bestimmt wird, ist kaum noch Platz für die Zweit- und Drittplazierten oder diejenigen, die im fairen sportlichen Wettkampf ebenso ihr Bestes gegeben haben, aber nicht ganz an die Spitze gekommen sind.

Nur der Sieger zählt?

Erleben wir dieses sportliche Phänomen nicht auch oft in unserem Alltag, im Beruf, in der Freizeit, im Verein? Nur wer ganz oben steht, wer Höchst- und Bestleistungen bringt, zählt und findet den Beifall der anderen. Mittelmaß wird belächelt oder gar verabscheut. Aber kann es denn nur Sieger, kann es nur Spitzenleistungen geben? So wie es im Sport nicht möglich ist, ist es auch im Alltagsleben nicht machbar. Es gibt eben nicht nur superintelligente, nicht nur kräftige, starke, selbstbewußte Menschen, es gibt auch solche mit Schwächen, es gibt Menschen, die nicht so leistungsfähig sind. Sollen diese Menschen in Zukunft immer mehr durch unser soziales Netz fallen, nicht mehr benötigt in der Arbeitswelt, an den Rand unserer Gesellschaft gedrängt, von keinem mehr beachtet?

Den Kindern ein gutes Vorbild

Darf es uns da wundern, wenn unsere Kinder ebenfalls diese Verhaltensmuster annehmen? Lehren wir ihnen nicht geradezu, bewußt oder unbewußt, ihre Ellenbogen einzusetzen, im Kampf an die Spitze zu kommen? Nur wer oben steht, findet Beachtung. Nur der Beste kommt weiter. Wer Mittelmaß ist, hat schon verloren. Bei solchen Denk- und Verhaltensmustern bleibt das angeborene Sozialverhalten von Kindern oft auf der Strecke. Hilfsbereitschaft, Zuneigung und Unterstützung für die Schwächeren werden in einem solchen System zurückgedrängt und verschüttet. Laufen wir Gefahr, eine neue Generation von Egoisten heranzuziehen, oder machen sie es uns nur nach und vollenden das, was wir noch nicht geschafft haben? Seien wir unseren Kindern ein gutes Beispiel, daß eben auch diejenigen, die nicht spitze sind, Großartiges leisten. Zeigen wir ihnen, daß Menschen, die schwach, krank oder sonst hilfsbedürftig sind und unserer Solidarität bedürfen, ebenso Menschen „erster Klasse" sind. Die laufende Fußball-Weltmeisterschaft ist dazu eine gute Übung. Die vielen Sportveranstaltungen, die in den nächsten Wochen und Monaten in und um Waging stattfinden, ebenfalls. Die wichtigste Übung aber ist das tägliche Leben.

Auch die Gemeinde benötigt Ihre Solidarität

Weder die Gemeinde noch der Bürgermeister können immer und überall an der Spitze stehen und gewinnen. Selbstverständlich bin auch ich in vielen Fällen nur Mittelmaß, mache Fehler und irre mich. Selbstverständlich ist mir auch bewußt, daß die Gemeinde und der Bürgermeister besonders kritisch von der Öffentlichkeit begutachtet werden. Viele Entscheidungen werden kritisiert und kommentiert. Liebe Wagingerinnen und Waginger, Ihr dürft mir glauben, daß wir unsere Entscheidungen nach bestem Wissen und Gewissen treffen. Wenn das eine oder andere nicht optimal läuft, gibt es niemanden, den das mehr ärgert als mich selbst. Schadenfreude ist für viele immer wieder die schönste Freude, aber Solidarität gegenüber der eigenen Gemeinde ist auch eine schöne Eigenschaft.

Ich wünsche auf alle Fälle unseren Bürgerinnen und Bürgern wie auch unseren Gästen einen schönen Sommer, gutes Badewetter und eine gelungene Sommersaison '98.

Euer Bürgermeister

Sepp als Torwart, genannt die „Katze von Waging", beim Freundschaftsspiel der Waginger Rathausmannschaft gegen die Mitarbeiter der „bajuwarischen" Partnergemeinde Mattsee.

33

Waginger Seeblattl 10 Oktober 1998

Was bringt die Zukunft?

Liebe Waginger Bürgerinnen und Bürger!

Wenn Sie dieses Heft in der Hand halten, ist sowohl die Landtags- als auch die Bundestagswahl bereits vorbei. In diesem Augenblick aber, wo ich dieses Grußwort an Sie schreibe, liegen die Wahlergebnisse und die Zusammensetzung der neuen Regierung noch im Dunklen. Das ist eine Gelegenheit für mich, meine Gedanken zu äußern über das, was von einer neuen Regierung in den nächsten Jahren verlangt und gefordert werden wird. Egal, wer die Wahl gewinnen wird, keine Regierung wird es leicht haben, die anstehenden Probleme halbwegs vernünftig zu lösen. Die Erwartungshaltung der Bevölkerung gegenüber der Politik steigt mindestens in dem selben Maße, wie die Probleme im eigenen Land, vor allem aber die Probleme weltweit, zunehmen.

„Wasch mir den Pelz, aber mach mich nicht naß!"

Auf diese Formel könnte man die Einstellung vieler Bürgerinnen und Bürger bringen. Zwar besteht Einigkeit über alle politischen Parteien und gesellschaftlichen Gruppen hinweg, daß etwas geschehen muß, um die Zukunft bewältigen zu können. Oft aber sind es gerade diejenigen, die auf die Unhaltbarkeit bestimmter Zustände hinweisen, die sich bewußt oder unbewußt dagegen wehren, Veränderungen mit allen ihren Auswirkungen und Konsequenzen auf das eigene Leben auch praktisch zuzulassen. In dieser – manchmal durchaus verständlichen – Haltung liegt nach meinem Empfinden das Kernproblem der heutigen Zeit. Wir haben Angst vor Veränderungen, wir versuchen, unseren Besitzstand zu wahren. Jedoch sind manche Veränderungen unverzichtbar, wenn es darauf ankommt, die neuentstandenen Probleme einer neuen Zeit einer Lösung zuzuführen. Ein Beispiel: Es kann sicher nicht so bleiben, daß einem sogenannten „Einkommensmillionär" die Möglichkeit eingeräumt wird, unter Ausnützung sämtlicher Schlupflöcher zuletzt keine einzige Mark Steuern zu zahlen – während hingegen die Putzfrau dieses Großverdieners einen ganz beträchtlichen Teil ihres viel geringeren Einkommens an den Staat abzuführen hat. Es kann langfristig gesehen für eine Gesellschaft nicht gesund sein, daß mit Kapital weitaus mehr Geld verdient wird als mit Arbeit; daß jemand am Aktienmarkt an einem einzigen Tag mehr Geld verdient als manch anderer mit körperlicher Arbeit das ganze Leben lang.

Wer trägt in Zukunft Verantwortung?

Gerne machen wir es uns einfach und kritisieren „die da oben" für die Entscheidungen, die sie getroffen oder unterlassen haben, ohne dagegen selbstkritisch zu fragen, wie wir selbst denn entschieden hätten, um ein anstehendes Problem zu lösen. Es ist zu bedenken: Politik kann immer nur das umsetzen und leisten, was auch von Seiten der Gesellschaft mitgetragen wird. Und dann ist die zunehmende Tendenz zu beobachten, daß immer weniger Menschen bereit sind, Verantwortung zu übernehmen, sei es in der Partnerschaft oder der Familie, in der Gemeinde oder dem Staat. Daher ist es auch kein Wunder, wenn es zunehmend schwieriger wird, verantwortungsvolle und komplexe Entscheidungen in Land und Gemeinde umzusetzen. Kritisieren ist immer leichter als selbst in der Verantwortung zu stehen und Entscheidungen zu fällen. Der Einzelne hat für die Politiker leicht einen Ratschlag oder eine Lösung parat, die seinem persönlichen Interesse entspricht. Wenn es jedoch darum geht, die verschiedenen Interessen abzuwägen und die Folgen für alle Einzelnen abzuschätzen, ist eine Lösung sehr viel schwieriger zu finden. Jeder hat das gute Recht, für seine Ziele und seine Überzeugungen mit persönlichen Motiven einzustehen und zu kämpfen. Es bedarf aber auch der Bereitschaft, sich mit politischen Lösungsansätzen, die nicht ausschließlich zum persönlichen Vorteil gereichen, auseinanderzusetzen und auch diese zu akzeptieren.

Leben wir über unsere Verhältnisse?

Massenarbeitslosigkeit, Kinderarmut, soziale Schieflage, Umweltprobleme, Verkehrschaos, zunehmende Kriminalität und so weiter und so fort. Die Probleme in unserem Land sind da, und sie wiegen durchaus schwer. Aber geht es uns nicht golden, verglichen mit den Problemen anderswo auf der Welt? Wo 40 000 Kinder täglich verhungern, wo Bürgerkriege, Flutkatastrophen und Klimaerwärmung fatale Folgen haben, wo Wirtschaftskrisen wie in Rußland und Asien für die ganze Gesellschaft bedrohlich werden? Jemand könnte einwenden, angesichts dieser Zustände und täglichen Schreckensbildern in den Nachrichten wäre es überheblich und vermessen, mit der Lage im eigenen Land unzufrieden zu sein und von der Politik neue Lösungsansätze zu verlangen. Aber ich denke, es ist nicht vermessen. Uns muß bewußt werden, daß die Probleme im eigenen Land mit globalen Problemen zusammenhängen. Wir leben in einer Welt, die immer näher zusammenrückt, und deshalb es ist unehrlich, davon auszugehen, daß wir zwar den Austausch von Waren und Dienstleistungen globalisieren, den Strom der Menschen gleichzeitig aber in strengen Grenzen halten können. Es ist kurzsichtig, nicht zu erkennen, daß unsere Art des Wirtschaftens, unser Umgang mit der Natur und den natürlichen Ressourcen, ganz unmittelbar etwas mit der Lebens- und Umweltsituation in anderen Ländern zu tun hat. Und es ist auf jeden Fall arrogant, zu meinen, daß die Probleme, die anderswo bestehen, uns überhaupt nichts angehen würden. Sie werden uns über kurz oder lang einholen, wenn wir nicht bereit sind, an ihrer Lösung mitzuarbeiten.

Das Betrachten der Probleme auf diesem Globus kann auch dazu anregen, die eigenen Probleme neu zu gewichten. Vielleicht stellen wir fest, daß es dringlichere Fragen gibt als die, die uns selbst beschäftigen und erhalten aus dieser Überlegung die Kraft, sowohl unsere eigenen als auch die Probleme anderswo in Angriff zu nehmen.

Die Aufgaben für eine zukünftige Regierung sind vielfältig und schwierig. Wir sollten vorsichtig sein, daß wir nicht zu viel verlangen und erwarten und uns vielleicht auch einmal Gedanken machen, wie der Beitrag aussehen könnte, den wir selbst zu leisten imstande sind.

Euer Bürgermeister

34

Waginger Seeblattl 11 Dezember 1998

Lust auf Zukunft!

Liebe Waginger Bürgerinnen und Bürger!

Wir befinden uns an der Schwelle zum nächsten Jahrtausend. In wenigen Tagen wird der Euro eingeführt, Europa hat dann eine gemeinsame Währung. Die Grenzen gibt es nicht mehr, alles ist im Fluß und weniges bleibt so, wie wir es gewohnt sind. Für viele gehen die Veränderungen zu schnell.

Veränderung kann Angst machen. Veränderung bedeutet aber auch Aufbruch und die Chance, Neues zu erleben und Neues zu erreichen, Europa wächst zusammen, wird eins. Die Welt wird kleiner mit Flugverbindungen, internationalem Handel und der ständigen Allgegenwart der Medien. Können wir uns wirklich ausruhen auf unserem Wohlstand, den wir verteidigen und bewachen? Haben wir eine Chance, diesen Wohlstand zu halten, wenn anderswo auf dieser kleiner werdenden Welt Bürgerkriege, Hunger, Naturkatastrophen und ähnliches den Menschen keine Zukunft, keine Chance geben? Was passiert, wenn sich diese Menschen in Bewegung setzen, um dorthin zu kommen, wo das Paradies zu sein scheint?

Zukunft nur in einer Welt

Wenige Tage vor Weihnachten ist das natürlich ein Thema, mit dem wir uns nicht nur beschäftigen können, sondern auch müssen. Gerade jetzt, wo besonders heftig an die Spendenbereitschaft von uns allen appelliert wird, werden wir uns mit dem Thema von Überfluß und grenzenloser Armut auseinandersetzen müssen. Reicht es, nur zu spenden? Müssen wir auch unser Denken und Handeln verändern, um eine Zukunft auf diesem Planeten zu haben?

Können wir noch eigenverantwortlich leben?

Unser Bewußtsein wird zunehmend von den Medien dominiert und von ihren offensichtlich unbegrenzten Möglichkeiten, alles öffentlich darzustellen und zu bewerten. Es gibt kaum noch Tabus und kaum noch Grenzen. Alles scheint erlaubt, was dem eigenen Interesse oder dem eigenen Vorteil dient. Die Werbung tut ein übriges, um die Menschen zu lenken und zu verleiten. Die Frage, ob diese oder jene Entscheidung aus eigenen Stücken oder fremdbestimmt erfolgt, ist kaum noch zu beantworten.

Die Entscheidung, was gedacht wird, was eingekauft wird, was gerade in oder out ist, wo sich die Jugend geborgen fühlt, wird in stets unterschwelliger Art zunehmend fremdbestimmt. Ein Ausbrechen, ein Entrinnen ist da kaum möglich. Das einzige, was hilft, ist, immer wieder seinen eigenen Kopf zu gebrauchen, Entscheidungen konsequent zu hinterfragen und sich nicht verbieten zu lassen, sich seine eigenen Gedanken zu machen.

Sich um andere kümmern!

Entsetzen verursachte eine Meldung, die kürzlich durch die Medien ging: In einem kleinen Wohnblock hatte ein Mann über Jahre tot gelegen, ohne daß es jemandem aufgefallen war. Sicher werden alle sagen: „Bei uns kann das nicht passieren." Wahrscheinlich nicht in dieser Dimension, aber zunehmend höre auch ich diese Sätze wie „Man soll sich nicht in die Angelegenheiten anderer einmischen." Dies wird oft vorgeschoben, um sich vor Verantwortung zu drücken, egal ob in der Familie, in der Gesellschaft, im Staat oder in den Vereinen. Man kann heute schon fast von einer Unkultur des Wegsehens sprechen. Ernsthafte Anteilnahme und Sich-Kümmern gilt leider zunehmend als Eigenschaft der Schwachen.

Ich bin dankbar, in Waging Bürgermeister sein zu können. In einer Gemeinde, wo wir viele Vereine, Hilfsorganisationen und Netzwerke haben, die stets helfend eingreifen, wenn Hilfe notwendig ist. Ich wünsche mir für das Jahr 1999, daß diese Kultur der Unterstützung und Hilfe ausgebaut wird, daß Solidarität und Zivilcourage in Waging weiterhin einen hohen Stellenwert haben. Das sind Eigenschaften einer Gesellschaft, die nicht hoch genug einzuschätzen sind.

Ich wünsche Euch allen schöne Weihnachten und für das neue Jahr alles Gute, Gesundheit und Zufriedenheit.

Euer Bürgermeister

DLG-Siegerehrung der Waginger Privatkäserei Bergader, mit Charlotte Steffel, Hubert Neuberger, Anderl Seehuber junior und Josef Leinsle.

35

Waginger Seeblattl 12 März 1999

Umweltschutz ist Generationenaufgabe

Liebe Waginger Bürgerinnen und Bürger!

Jetzt im Frühling, wenn die Tage länger werden, die Sonne manchmal schon eine ganz schöne Kraft hat, wenn wir überall spüren und sehen können, wie die Natur erwacht, alles grün wird und zu blühen beginnt, ist unser Herz offen. Wir sind voll Lebenslust, voll Energie und Kraft. Kaum vorstellbar, daß diese Natur, daß unsere Umwelt bedroht und in Gefahr sein soll.

Doch wissen wir, und wenn wir die Augen aufmachen, sehen wir auch, wie sich unsere Umwelt von Jahr zu Jahr verändert. Meist nicht zum Positiven. Jeder von uns ist irgendwie daran beteiligt. Jeder von uns ist Verkehrsteilnehmer, jeder von uns verbraucht Energie. Jeder erzeugt Abwasser und Abfall. Täglich werden in Bayern 34 Hektar verbaut, das entspricht im Jahr etwa der Fläche des Chiemsees.

Probleme erkennen!

Noch immer nimmt die Anzahl der Fahrzeuge bei uns zu. Noch immer nehmen die gefahrenen Kilometer zu. Das bedeutet mehr Straßenbau, mehr Parkplätze und damit mehr Versiegelung, mehr Asphalt, mehr Beton. Das ist in unserer Gemeinde nicht anders als anderswo. Nach wie vor werden Wohnhäuser gebaut und Gewerbe angesiedelt. Überall natürlich auf Kosten der Umwelt. Längst ist uns bekannt, daß jeder Einzelne von uns viel mehr Energie verbraucht, als die Erde in der Zeit wieder erzeugen kann. Energieverbrauch, der zu Luftbelastung und Klimaverschlechterung führt.

Schlechtes Gewissen und Angst sind keine guten Ratgeber!

Die Probleme zu kennen und wahrzunehmen, zeugt von Klugheit, deshalb aber in Angst und Panik zu verfallen, wäre der falsche Weg. Ein Problem zu erkennen, ist immer der erste Schritt, um es auch lösen zu können. Wie können Lösungsansätze aussehen, wie kann sich jeder Einzelne und wie kann sich die Gemeinde daran beteiligen? Nichts mehr zu tun und sich zurückzuziehen, ist sicher der falsche Weg. Wir helfen damit weder uns noch der Umwelt. Aus der Erkenntnis der Problematik ist es wichtig, sein eigenes Tun und Handeln immer wieder zu prüfen und sich zu fragen, welche Konsequenzen es hat.

Was bedeutet zum Beispiel die Ansiedlung von Gewerbe für Waging? Einerseits natürlich Verbrauch von Fläche und Landschaft, andererseits unter Umständen aber auch die Reduzierung von Verkehrsaufkommen, wenn wir vor Ort Arbeitsplätze schaffen können. Möglicherweise bedeutet es einen Gewinn von Lebensqualität und die Stärkung der regionalen Kreisläufe, der örtlichen Wertschöpfung. Was bedeutet der Verbrauch von Energie? Einerseits Klimaerwärmung, Umweltverschmutzung, Luftbelastung, andererseits aber auch Erleichterung der täglichen Arbeit, Gewinn an Mobilität und Lebensqualität.

Lebensqualität neu definieren!

Nur die Menschen, die Fragen stellen, kommen weiter. Eine Frage, die wir uns alle einander in Zukunft stellen müssen, ist, was ist Lebensqualität? Derzeit wird Lebensqualität im wesentlichen durch materielle Besitzstände definiert. Mehr Haben ist gleich mehr Lebensqualität. Diese Formel führt zu einer verrückten Entwicklung. Höher – größer – schneller – weiter, so könnte man die gesellschaftliche Entwicklung in den letzten 20 Jahren charakterisieren. Aber sind höhere Renditen, größere Gewinne, schnellere Autos, weiter entfernt liegende Urlaubsorte tatsächlich gleichbedeutend mit Lebensqualität? Oder müssen wir Lebensqualität vielleicht neu definieren? Zum Beispiel: Mehr Ruhe, größere Zufriedenheit, mehr Zeit, die Kleinigkeiten des Lebens zu genießen. Wären dies nicht auch mögliche Definitionen für Lebensqualität?

Nutzen wir den Frühling, uns auch mal ein paar Minuten Zeit zu nehmen, einen ersten Schmetterling zu beobachten, um innezuhalten, wenn wir den ersten Kuckuck schreien hören oder uns einfach über glitzernde Regentropfen zu erfreuen. Können wir das noch, wollen wir das noch?

Nachhaltigkeit!

Leben wir nachhaltig und wirtschaften wir nachhaltig! Leben und wirtschaften wir in Zukunft so, daß es nicht auf Kosten der Natur geht, nicht auf Kosten anderer Menschen und Länder und schon gar nicht auf Kosten kommender Generationen. Ich wünsche Euch allen einen schönen Frühling, viel Freude beim Beobachten der kleinen Dinge um uns herum.

Euer Bürgermeister

Blick auf Otting

36

Waginger Seeblattl 13 Juni 1999

Halbzeitbilanz

Liebe Waginger Bürgerinnen und Bürger!

Etwas mehr als die Hälfte meiner Amtszeit ist vorbei – eine gute Gelegenheit, Bilanz zu ziehen über das, was geschaffen wurde und was noch vor uns liegt.

„Der Feind des Guten ist das Bessere", besagt ein Sprichwort, und tatsächlich ist es nicht immer leicht, eine vernünftige Mischung zu finden aus der Zufriedenheit über das, was geschaffen wurde und dem Willen, es in Zukunft noch besser zu machen. Denn Zufriedenheit darf nicht selbstzufrieden machen, und der Wille nach Verbesserung, nach Leistungssteigerung sollte nicht zu Verbissenheit führen. Diese Extreme vermeidend, muß die eigene Linie gefunden werden. Sich freuen über das Erreichte und manchmal auch ein klein wenig Stolz über das Geschaffene tut gut und ist wichtig, um Kraft zu schöpfen. Motivation und der Wille nach Verbesserung ist andererseits aber auch die Triebfeder, nach Neuem zu suchen. Beides war in den letzten drei Jahren mein ständiger Begleiter, und ich hoffe, daß ich auch in den nächsten Jahren noch das Feuer in mir spüre, Neues zu beginnen, und gleichzeitig Gelassenheit bewahren kann, um Rückschläge wegzustecken.

Wissen ist Macht!

Nur wer Informationen hat, kann auch Entscheidungen treffen. Dies ist hinlänglich bekannt. Deshalb ist es für alle Entscheidungsträger – ob in Politik, Wirtschaft oder Privatleben – wichtig, an die richtigen Informationen zu kommen. Die Flut an Informationen ist so groß, daß es immer schwieriger wird, diejenigen Informationen zu bekommen, die man haben will und die man wirklich braucht. Beim Bürgermeister laufen natürlich viele Informationsfäden zusammen. Ich verstehe es als meine Pflicht, an den Entscheidungsträger Gemeinderat alle Informationen weiterzugeben, die notwendig sind, um Entscheidungen zu treffen. Ebenso wichtig aber finde ich es auch, den Bürgerinnen und Bürgern Informationen anzubieten, die sie brauchen, um zu verstehen, was in ihrer Gemeinde abläuft, und die sie wünschen, um sich in ihr wohlzufühlen.

Die Gemeindezeitung ist für mich ein wichtiges Medium, die Bürgerinnen und Bürger zu informieren. Von Anfang an war unsere Zeitung aber auch so gedacht, daß sie den Dialog innerhalb unserer Gemeinde unterstützen und fördern soll. Einige wenige Gemeindebürger machen davon Gebrauch. Aber zunehmend bleibt es mir, dem Verantwortlichen dieser Zeitung, überlassen, die Informationen weiterzugeben. Ich hoffe, daß das Waginger Seeblattl nicht als „Bürgermeisterblattl", wie es schon manchmal bezeichnet wurde, sondern als wichtige Quelle für den Informations- und Meinungsaustausch mit allen Gemeindemitgliedern wahrgenommen wird.

Es gibt keine neutrale Information

Informationen können nie neutral sein. Gebrauchsanweisungen vielleicht oder die Bekanntgabe von Satzungen und Beschlüssen, aber die dazugehörigen Informationen und Hinweise drücken immer, wenn auch versteckt und unbeabsichtigt, gewisse Richtungen aus. So wie überhaupt Medien kaum neutrale Informationen weitergeben können, kann es selbstverständlich auch keine Gemeindezeitung. Ich glaube aber, daß das Waginger Seeblattl in der derzeitigen Form sich nicht nur bewährt hat, sondern große Akzeptanz und großes Interesse bei Euch findet. Es würde mich freuen, wenn sich diese Akzeptanz und dieses Interesse auch in direkten Reaktionen widerspiegelte.

Von der Verwaltung zum Dienstleistungsbetrieb!

Das Rathaus wird generalsaniert. Mit diesem Schritt verbinde ich auch die symbolhafte Sanierung der Gemeinde. Es wird eine Daueraufgabe der nächsten Jahren sein, die Gemeinde von einer Verwaltungsbehörde, die die Bürger verwaltet, organisiert und dafür sorgt, daß alles „sein Recht und seine Ordnung" hat, zu einer Dienstleistungsbehörde umzubauen. Dazu ist nicht nur ein Umbau der Gemeindeverwaltung notwendig, sondern auch ein Umdenken in den Köpfen der Gemeindebürger. Ist die Gemeinde tatsächlich dafür zuständig, daß Sorgen und Probleme mit den Nachbarn aus dem Weg geräumt werden? Ist die Gemeinde für alles und jedes verantwortlich, was einen ärgert oder nicht gefällt oder ist die Gemeinde nicht vielmehr die Organisation, die die Voraussetzungen des Zusammenlebens erst schafft, die die Möglichkeit bietet, an notwendige Informationen zu kommen, die wir brauchen, um Entscheidungen zu treffen? Die Gemeinde soll nicht nur funktionieren und organisieren, sondern vielmehr das Gefühl von Heimat und Dazugehörigkeit ausstrahlen. Verstehen wir die Gemeinde als gemeinsame Aufgabe. In dieses Wir-Gefühl sollen wir auch die Gäste mit einbeziehen, die hoffentlich in großer Zahl unseren wunderschönen Urlaubsort Waging am See besuchen und die ich auf diese Weise recht herzlich willkommen heißen möchte.

Euer Bürgermeister

37

Waginger Seeblattl 14 Oktober 1999

Ohne Verantwortung keine Freiheit

Liebe Waginger Bürgerinnen und Bürger!

Liberalisieren, Öffnen, Entflechten, Vereinfachen sind die derzeitigen Schlagworte im Wirtschaftsleben. Auch wir erleben es überall. Ob beim Einkauf von Lebensmitteln, die heute schon fast als Regelfall um den halben Erdball transportiert werden bis sie bei uns im Supermarktregal liegen, oder ganz aktuell im Bereich unserer Stromversorgung. Liberalisierung und freier Welthandel ist angesagt.

Zweifellos bringt der freie Welthandel viele Vorteile, wenn er überall nach den gleichen Regeln abgewickelt würde. Die neue, von wenigen Großkonzernen ausgegebene Wirtschaftsdoktrin will aber keine Regeln, alles soll der freie Markt bewirken. Diese Tendenz beziehungsweise überall gepredigte Denkrichtung übersieht, dass die Quellen unserer Erde, wie Rohstoffe und die natürlichen Lebensgrundlagen, nicht unbegrenzt zur Verfügung stehen. Vor allen Dingen kann sich aber die Wirtschaft auf Dauer nicht außerhalb der Naturgesetze stellen. Wer ausschließlich und vollkommen auf einen liberalen Welthandel setzt, muss sehen, dass dieser keine Rücksicht auf vorhandene Strukturen, auf soziales Gefüge und auf die Natur nimmt. Ein freier Welthandel, der sich keinen Spielregeln unterwirft: Man bezeichnet ihn deshalb wohl auch als Freihandel, weil er frei von Verantwortung ist. Freiheit ohne Veranwortung ist aber immer nur die Freiheit der Stärkeren und bringt über kurz oder lang das Ende der Freiheit. Nur wirtschaftlich starke und reiche Menschen können sich einen schwachen und armen Staat leisten.

Hier bei uns in Deutschland und in Europa hat sich deshalb die soziale Marktwirtschaft durchgesetzt. Der sozialen Marktwirtschaft ist es zu verdanken, dass mehr Menschen als je zuvor in der Geschichte Wohlstand und Sicherheit erleben dürfen. Auf dem Umweg der Globalisierung, der scheinbaren Liberalisierung aber laufen die Errungenschaften der sozialen Marktwirtschaft Gefahr, klammheimlich wieder einkassiert zu werden. Diese fundamentalen Fragen können nicht mehr allein in den Grenzen von Nationalstaaten gelöst werden. Es geht zunehmend darum, dass die Staaten untereinander sich auf Spielregeln einigen, unter denen Welthandel funktionieren kann. Es kann auf Dauer nicht sein, dass jemand einen Wettbewerbsvorteil erringt, wenn er Menschen oder Natur ausbeutet. Leider ist es momentan so in den großen wie auch in den kleinen Dingen. In dem großen globalen Spiel der Wirtschaft wird regelmäßig als Erster der Schiedsrichter vom Platz gestellt. Eine Marktwirtschaft ohne Ordnung kann nur von kurzer Dauer sein. Ansonsten wird die nächste Generation Wohlstand und Freiheit verlieren.

Ländlicher Raum in Gefahr!

Was macht es für einen Sinn, dass viele gleichartige Güter durch die ganze Welt transportiert werden? Wie kann es funktionieren, dass bei uns produzierte Waren anderswo billiger angeboten werden können? Wie kann es funktionieren, dass Lebensmittel, die über tausende von Kilometern transportiert werden, billiger sind als Lebensmittel, die bei uns hergestellt werden? Bereits heute ist ein durchschnittliches Frühstück im Schnitt 8000 Kilometer zu uns transportiert worden, wenn man alle Nahrungsmittel berücksichtigt, die so üblicherweise auf dem Frühstückstisch landen.

Gerade der ländliche Raum mit seiner Abhängigkeit von einer funktionierenden bäuerlichen Struktur wird sehr bald erkennen, dass Begrenzung das wichtigste Stichwort für die Zukunft sein wird, da wir in vielen Fällen bereits heute mehr machen könnten, als wir dürfen. Der vor kurzem abgetretene Bundespräsident Roman Herzog nannte die weltweite Beachtung von Regeln für den Wettbewerb eine zentrale Zukunftsaufgabe. Herzog betont: „Wir brauchen soziale und ökologische Leitplanken für den Welthandel." Der ländliche Raum darf nicht als Lieferant für den kaum noch zu bändigenden Flächenbedarf unserer Ballungszentren missbraucht werden. Egal welcher großen Stadt man sich nähert – überall besteht ein riesiger Flächenverbrauch, und dies zum Teil nur, um der Nachbarstadt Konkurrenz zu machen. Genausowenig ist der ländliche Raum lediglich als Freizeit- und Erholungsfläche für die Großstädter aufzufassen. Wir freuen uns natürlich, wenn die Großstädter unsere wunderschöne Landschaft und Natur in ihrem Erholungswert schätzen. Wir verlangen aber andererseits auch die Beachtung und Würdigung der Leistung, die dafür erbracht wurde. Der ländliche Raum ist eigenständig, mit eigenen kulturellen, sozialen und wirtschaftlichen Entwicklungen. Diese gilt es zu stärken und herauszuarbeiten. Dann bedeutet Globalisierung und freier Weltmarkt für uns nicht das Ende, sondern eine neue Möglichkeit, bewusst die Region zu erleben und neue Chancen zu eröffnen.

Am 10. Oktober ist Tag der Regionen

Heuer erstmals wird am 10. Oktober aus den obengenannten Gründen ein Tag der Regionen in ganz Bayern begangen. Auch wir in Waging wollen mit unserem Bauern- und Handwerkermarkt einen Beitrag dazu leisten. Zeigen wir uns selbstbewusst und stark. Zeigen wir, dass wir eine eigene Identität haben und noch nicht abhängig sind von wenigen weltumspannenden Großkonzernen, die uns vorschreiben, was wir anziehen, was wir essen und in Kürze vielleicht auch, was wir denken sollen.

Euer Bürgermeister

Markt in Waging

38

Waginger Seeblattl 16 März 2000

Leben und leben lassen!

Liebe Waginger Bürgerinnen und Bürger!

Das Motto „Leben und leben lassen" wird immer wieder mit der bayerischen Kultur und besonders mit der bayerischen Lebensart in Verbindung gebracht. Es ist ein sehr schönes Motto und es muss uns als Bayern ehren, wenn wir mit diesem Motto in Verbindung gebracht werden. Aber wie weit ist es tatsächlich noch her mit dieser offenen Lebenseinstellung? Drückt doch dieser Satz nichts anderes aus als die Toleranz gegenüber sich selbst und gegenüber anderen. Gerade die ist es aber, die uns als Gesellschaft zunehmend abhanden kommt. Immer weniger Menschen können es ertragen, verstehen und akzeptieren, dass andere Leute anders sind; dass sie andere Lebensplanungen, andere Vorstellungen und andere Ziele haben. Immer schneller werden Leute an den Rand gedrängt, und immer weniger gibt es, die Übergänge öffnen und das Zueinanderfinden fördern.

Der Satz „Leben und leben lassen" hat auch sehr viel Gutmütigkeit in sich. Akzeptanz von Andersartigkeit ist gleichzeitig der Wunsch, auch selbst so angenommen zu werden, wie man ist. Toleranz bedeutet, eben auch einmal eine vermeintliche Belästigung hinzunehmen, zu akzeptieren, zu respektieren und sich damit abzufinden und nicht gleich nach Gesetz und Ordnung zu schreien. Längst ist in vielen Bereichen der alte Witz Wirklichkeit geworden: „Früher hieß es unter Nachbarn: Kann ich Dir helfen? Heute heißt es: Dir werde ich helfen!". Natürlich ist es ein Witz, aber immer öfter leider auch bittere Realität. Immer wieder stelle ich fest, dass eben dieses „leben und leben lassen", dass die Toleranz absolut fehlt. Jeder besteht auf seinem Recht und pocht auf seine eigene Position. Dies kann auf Dauer nicht gut gehen. Daher hätte ich den Wunsch, dass wir alle zusammen wieder bayerischer und gelassener werden – auch und vor allen Dingen gegenüber denjenigen, die anders sind und die eine andere Lebensplanung haben.

[...] Kein Chiemsee-Reggae-Sommer in Waging am See

Eine Abstimmung im Gemeinderat ist eine demokratische Entscheidung. Der Bürgermeister hat im Gemeinderat, so wie jedes andere Mitglied, einen Sitz und eine Stimme. Aufgabe des Bürgermeisters ist es, die Entscheidungen des Gemeinderates zu vollziehen und demokratische Entscheidungen zu achten und zu respektieren. Ich denke, das habe ich bis jetzt auch fair und korrekt so gehandhabt. Auch im Hinblick auf das geplante Reggae-Fest war für mich nach der Entscheidung klar, dass diese Chance, eine solche Großveranstaltung nach Waging zu bekommen, vorbei und das Thema damit abgehakt ist.

Wie solche Entscheidungen zustande kommen, ist allerdings eine andere Frage. Hier spielen neben Fakten natürlich immer auch Emotionen eine nicht unbedeutende Rolle. Davor ist kein Mensch und auch kein Gemeinderat und kein Bürgermeister gewappnet. Ich selbst mache Politik nicht nur mit dem Kopf, sondern versuche immer auch Herz, Seele und Gefühl entscheiden zu lassen. Das bedeutet für mich, dass ich eben kein kühler Verwalter der Marktgemeinde Waging am See bin, sondern dass ich mit Herzblut für die Gemeinde und an der Entwicklung der Gemeinde arbeite. Rückschläge und Nackenschläge zu erleiden ist dabei etwas ganz Normales. Als Bürgermeister und Mensch in Verantwortung muss man lernen, damit umzugehen. Da ich aber nach wie vor mit Herz und Seele an meiner Arbeit hänge, scheue ich mich nicht, Ärger und Enttäuschung auch zu zeigen statt einfach hinunterzuschlucken. Sicher gibt es manchen, der das Zeigen menschlicher Regungen ablehnt und sagt, dies sei ein Zeichen von Schwäche. Für mich persönlich ist das kein Zeichen von Schwäche, sondern auch ein Stück Ehrlichkeit und Offenheit. Ich bin keine seelenlose Maschine und kein Apparat, sondern ein Mensch wie jeder andere auch, der sich freuen kann und der Enttäuschungen erlebt. Ich möchte mir diese Eigenschaft, ehrlich, offen und verletzbar zu sein, auch nicht abgewöhnen lassen.

Gestalten statt verwalten

„Ich bin Gestalter und kein Verwalter und deshalb muss ich mich immer wieder fragen, ob ich noch an der richtigen Stelle als Bürgermeister bin." Das war eine öffentliche Aussage von mir kurz nach der Entscheidung des Gemeinderats gegen das Fest. Zu dieser Aussage stehe ich auch heute noch. Mir war klar, dass dies als Resignation oder Ausstieg interpretiert werden kann. Für mich war es ein Ausdruck meiner Enttäuschung und damit auch ein Offenlegen von Verletzbarkeit. Ich bin der Meinung, dass viel zu wenig Leute sich selbst hinterfragen, ob sie noch die richtige Person an der richtigen Stelle sind. Vor allen Dingen in der Politik können wir besonders häufig erleben, dass diese Hinterfragung nicht stattfindet und die Leute an ihren Sesseln

„kleben". Ich versuche, mir die Frage offen und ehrlich zu beantworten. Für mich stand und steht fest, dass ich meine Möglichkeiten als Bürgermeister dazu benutzen möchte, gestalterisch tätig zu werden. Das geht weit über die Aufgabe hinaus, eine Gemeinde, so wie sie ist, zu erhalten und zu verwalten.

Pflicht des Bürgermeisters ist es, seine eigene Rolle zu hinterfragen. Selbstverständlich macht man sich dabei auch Gedanken, ob es nicht auch noch andere Aufgabenbereiche gibt, die einen interessieren und reizen könnten. Das bedeutet nicht, dass ich nicht gerne Bürgermeister in Waging am See bin. Das habe ich in der Vergangenheit betont und ich möchte es auch gerne noch ein paar Jahre bleiben, vorausgesetzt, dass die Wagingerinnen und Waginger dies auch wollen. Eine Garantie auf Posten, Positionen, aber auch eine Garantie auf Menschen, die diese Positionen ausfüllen, kann und wird es nicht geben – und das ist, denke ich, auch gut so.

Euer Bürgermeister

39

Waginger Seeblattl 19 Dezember 2000

Waging bietet Lebensqualität

Liebe Waginger Bürgerinnen und Bürger!

Unter dem Motto „Nahversorgung ist Lebensqualität" versuchen derzeit die Bürgermeister der Region Waginger See-Salzachtal zusammen mit ihren Kollegen aus dem Salzburger Raum, die Qualitäten der Gemeinde und des Dorfes herauszustellen. Ziel dieser Bemühungen, die im Rahmen eines EuregioProjektes stattfinden, ist eine Stärkung lokaler Strukturen. Ich denke, eine solche Initiative für unseren Lebensraum ist dringend notwendig. In einer Zeit, in der das Denken vieler Menschen bestimmt ist vom Wahn eines „Immer größer – höher – schneller – weiter", muss es auch so etwas wie eine Gegenbewegung geben. Es muss uns immer wieder vor Augen geführt werden, dass in einer globalisierten Welt auch das Wissen über unsere Wurzeln nicht verloren gehen darf.

Mobilität contra Nahversorgung

Fast jeder von uns ist mobil – so mobil, dass Einkäufe, Dienstleistungen und Arbeitsplätze von vielen nicht mehr mit der eigenen Gemeinde in Verbindung gebracht werden. Diese Mobilität hat uns allen große Freiheiten und ungeahnte Möglichkeiten eröffnet. In manchen Dingen muss man aber feststellen, dass diese grenzenlose Mobilität problematisch ist. Ich meine damit noch nicht einmal die Zunahme des Individualverkehrs und die damit verbundenen Folgen wie Stau, Verkehrsunfälle, überfüllte Städte und Luftverschmutzung; ich meine vielmehr die Gefahr, dass mit zunehmender Mobilität die Bindung zum Dorf, zum Markt, zur Gemeinde aus unseren Köpfen verschwindet. Eingekauft wird dort, wo es vermeintlich billiger ist. Dafür werden heute viele Kilometer Fahrstrecke als selbstverständlich akzeptiert. Eingekauft wird dort, wo die Werbung neben günstigen Angeboten auch noch zusätzliche Attraktionen verspricht und Einkaufen zum „Erlebnis" hochstilisiert ist.

Es ist offensichtlich, dass diese Entwicklung vor allem Ballungszentren mit ihren vorgelagerten Einkaufsgiganten entgegenkommt. Das Dorf, die Gemeinde mit örtlichen Strukturen hingegen bleibt dabei auf der Strecke. Inzwischen gibt es viele Dörfer und Gemeinden ohne Bäcker, ohne Metzger, ohne Lebensmittelgeschäft. Und nicht nur im Bereich der Konsumartikel erleben wir eine enorme Konzentration. Banken ziehen sich aus der kleinen Gemeinden zurück, Postfilialen werden geschlossen, Handwerksbetriebe gehen vom Dorf in zentrale Gewerbegebiete – wenn sie nicht gleich ganz aufgeben.

Waging hat was

Noch haben wir in Waging Handels-, Handwerks- und Dienstleistungsstrukturen, um die uns manch andere Gemeinden ähnlicher Größenordnung beneiden. Das bedeutet aber auch, dass wir noch etwas zu verlieren haben. Deshalb ist es unser aller Aufgabe, um den Erhalt dieser Strukturen zu kämpfen. Oftmals erkennt man den Verlust erst dann, wenn es zu spät ist. Das, was vorhanden ist, wird als das Selbstverständliche angesehen. Erst ein plötzliches Wegbrechen der Nahversorgungsmöglichkeit ruft Empörung und Entsetzen hervor.

In Waging wird das geboten, was andere versprechen

In Waging haben wir eine große Auswahl an Gastronomie, an Geschäften, an Handwerks- und Dienstleistungsbetrieben. Es ist jedem möglich, seine Einkäufe in Waging zu tätigen. Handwerks- und Dienstleistungsbetriebe sind in unserer Gemeinde von so hoher Qualität, dass ein Ausweichen auf andere, große Strukturen nicht notwendig, ja oft auch mit einem Qualitätsverlust verbunden ist. Die größte Konkurrenz unserer Waginger Fachgeschäfte ist weniger in den Geschäften der umliegenden Orte zu sehen. Die größte Gefahr für die Handels- und Dienstleistungsstruktur in unserer Gemeinde geht von den großen Einkaufszentren vor Salzburg, Rosenheim und München aus.

Kaufkraftverluste verhindern

Die Gemeinde ist darauf bedacht, einen möglichst großen Teil der Kaufkraft auch in Zukunft im Ort zu binden. Schließlich sind es unsere Betriebe, die uns diese Nahversorgung und damit die Lebensqualität gewähren. Es sind unsere Betriebe in Waging, die Arbeits- und Ausbildungsplätze schaffen und anbieten, und es sind unsere Betriebe, die in der Gemeinde Steuern und Abgaben zahlen, die von der Gemeinde wieder für die Bürger investiert werden.

Es ist deshalb unser Ziel, ein Bewusstsein zu bilden, das dabei hilft, die Lebensqualität in unserer Gemeinde auf Dauer zu sichern. Nicht nur der sprichwörtliche „Tante-Emma-Laden", wir alle sind Träger unserer Lebensqualität: Bauern, Gastronomiebetriebe, Ärzte, Vereine, Schulen, Kirchen, Post, Banken, Fachhandel und vieles mehr. Alle zusammen bilden die Grundlage unserer Lebensqualität, die für uns so wertvoll ist. Denn Lebensqualität heißt: Aus nächster Nähe sicher versorgt sein.

Ich wünsche Ihnen allen, liebe Wagingerinnen und Waginger, schöne, geruhsame Weihnachten und alles Gute für den Jahreswechsel ins neue Jahrtausend.

Euer Bürgermeister

40

Waginger Seeblattl 20 März 2001

Mit neuen Bündnissen aus der Agrarkrise!

Liebe Waginger Bürgerinnen und Bürger!

In unserer Gemeinde gibt es rund 150 Bauernhöfe. Zwar wird ein Großteil dieser Betriebe im Nebenerwerb bewirtschaftet, doch ist jeder einzelne Betrieb von größter Bedeutung für das Gemeinwohl. Seit Jahrzehnten beklagen wir die Entwicklung in der Landwirtschaft. Jedes Jahr geben Tausende von Betrieben in Bayern auf, jedes Jahr werden die verbleibenden Betriebe größer, jedes Jahr muss mehr produziert werden, um ein halbwegs anständiges Einkommen zu erzielen. Nirgendwo war ein Signal zu erkennen, dass diese verhängnisvolle Entwicklung zu stoppen wäre. Und in diese negative Stimmung brach im Spätherbst des vergangenen Jahres über die landwirtschaftlichen Betriebe BSE herein wie eine Katastrophe. Gerade in unserer Grünlandregion, wo wir nur über das Rind die Flächen sinnvoll bewirtschaften können, ist ein Einbruch des Fleischpreises und ein Wegbrechen von Absatzmärkten besonders schlimm. Zu diesen enormen finanziellen Einbußen kam plötzlich auch noch die grundsätzliche Sinnfrage in der Landwirtschaft. Es ist also nur allzu verständlich, dass viele bäuerliche Familien sich fragen, ob es denn richtig ist, die Landwirtschaft weiter zu betreiben, ob es nicht an der Zeit wäre, endgültig aufzugeben.

Umsteuern – wann, wenn nicht jetzt

Und doch: Jetzt, mit einem gewissen zeitlichen Abstand zu den ersten BSE-Fällen, muss man erkennen, dass diese Krise in der Landwirtschaft, die große Verunsicherung der Verbraucher, die Frage, was man denn überhaupt noch essen kann, auch als enorme Chance für unsere Landwirtschaft betrachtet werden kann. Natürlich haben Verbraucher in vielen Fällen übertrieben reagiert, denn das Essen von Rindfleisch birgt ein weitaus geringeres Risiko als andere Vorlieben wie das Rauchen oder der Alkoholkonsum. Doch erstmals seit vielen Jahrzehnten beschäftigen sich die Menschen nun ernsthaft mit der Frage einer gesunden Ernährung. Und dabei kommt man über kurz oder lang auf die Frage, welche Produktionsform, welche Landwirtschaft wünschen wir uns für die Zukunft?

Hier liegt es an uns, an den Bewohnern des ländlichen Raums, vor allen Dingen aber an den Bäuerinnen und Bauern, auf diese Fragen klare Antworten zu geben. Endlich besteht die Chance, aufzuzeigen, wie verrückt eine Entwicklung ist, die Nahrungsmittel immer noch preisgünstiger anbietet. Den Menschen wird klar, dass es nicht geht, hochwertige Eier von „glücklichen" Hühnern zu bekommen, aber nur 20 Pfennig dafür zu bezahlen. Ihnen wird klar, dass es wohl nicht ausreichen wird, nur 10 oder 15 Prozent des Einkommens für den Kauf von Nahrungsmitteln aufzuwenden. Und ihnen wird klar, wie widersinnig es ist, auf Schnäppchenjagd nach billiger Wurst aus Separatorenfleisch zu gehen, um ein paar Pfennige zu sparen, während gleichzeitig die Leichtmetallfelgen für 7000 DM kein Problem darstellen.

Ich bin der festen Überzeugung, dass wir mit dieser Krise in der Landwirtschaft endlich die Möglichkeit haben, breiten Bevölkerungskreisen klar zu machen, dass Agrarpolitik und Verbraucherverhalten in den letzten dreißig Jahren in die falsche Richtung gegangen sind. Jetzt aber hat sich in den Köpfen der Menschen eine Tür geöffnet. An uns liegt es nun, den richtigen Weg zu weisen.

Landwirtschaft erhält Lebensgrundlagen

Es hat keinen Sinn, Medien und Verbraucher dafür zu kritisieren, dass ein großes Lamento um möglicherweise unsichere Lebensmittel in Gang gekommen ist. Im Gegenteil – ohne BSE-Krise wäre der Niedergang der Landwirtschaft kontinuierlich, aber schleichend und ohne öffentliche Diskussion weiter gegangen, jedes Jahr einige tausend bäuerliche Betriebe weniger. Auf der einen Seite besteht nun die Gefahr, dass infolge der BSE-Krise eine große Anzahl von Betrieben mit einem Schlag aus der Produktion ausscheiden wird. Das wäre bedauerlich und nicht zu akzeptieren. Andererseits hat BSE geschafft, was eine Agrarpolitikergeneration vorher nicht erreicht hat, nämlich eine breite öffentliche Diskussion. Diese Diskussion müssen wir für uns nutzen. Wir müssen endlich klar machen, dass es bei einer vernünftigen Agrarpolitik nicht darum geht, Lobbypolitik für die noch vorhandenen Bauernhöfe zu machen, sondern dass vernünftige Agrarpolitik allein schon deshalb notwendig ist, weil sie den Ausgangspunkt bildet für die Lebensgrundlagen Boden, Wasser, Luft.

Qualität wird in Zukunft wieder einen Preis haben

Die entscheidende Aufgabe in der nächsten Zeit wird es sein, die enorme Vormachtsstellung der Lebensmittelkonzerne zu brechen. Lediglich noch vier große Handelsketten beherrschen 80 Prozent des Lebensmittelmarktes und genau dort wurde in den letzten Jahrzehnten viel Schindluder getrieben. Der Wettbewerb im Nahrungsmittelbereich wurde ausschließlich über den Preis ausgetragen. Diese Entwicklung finden wir sonst nirgendwo. Bei allen anderen Verbrauchsgütern zählt neben dem Preis auch die Qualität. Die Lebensmittelindustrie hat uns weisgemacht, dass die Qualität überall in gleicher Weise gewährleistet ist. Aber seit BSE und Hormonskandal wissen wir, dass dem nicht so ist.

Billige Nahrungsmittel mögen angenehm sein, weil dann mehr Geld für den Kauf anderer Industrieprodukte bleibt. Ob wir diese Produkte allerdings wirklich brauchen, wie es die Werbeindustrie uns einzureden versucht, ist eine andere Frage. Die Verbraucherinnen und Verbraucher haben jetzt jedenfalls ein Ohr dafür, dass Essen und Trinken nicht nur Leib und Seele zusammenhält, sondern dass hochwertige Ernährung von entscheidender Bedeutung für die Gesundheit ist und dass Qualität ihren Preis hat. Zusammenhänge zwischen dem Preis für Nahrungsmittel, den Zustand unserer Kulturlandschaft und die Kosten für unser Gesundheitssystem können endlich aufgezeigt werden. Wenn wir alle im ländlichen Raum, ob Bauer oder Verbraucher, mithelfen und klar machen, dass Bauernhöfe in unserer Gemeinde das Landschaftsbild prägen, dass die Kühe in unser Landschaftsbild gehören, dass hochwertige Nahrungsmittel nicht zu Schleuderpreisen zu haben sind, dann, davon bin ich überzeugt, hat am Ende diese BSE-Krise noch etwas Gutes für unsere derzeit so arg gebeutelte Landwirtschaft.

Euer Bürgermeister

41

Waginger Seeblattl 21 — Juni 2001

Verantwortung übernehmen!

Liebe Waginger Bürgerinnen und Bürger!

Am 3. März 2002 sind Kommunalwahlen. An diesem Tag sind alle Bürgerinnen und Bürger über 18 Jahre in unserer Gemeinde aufgerufen, für sechs Jahre Gemeinderat und Bürgermeister zu wählen. Zeitgleich werden an diesem Tag auch Kreistag und Landrat des Landkreises Traunstein gewählt. Bei den letzten Kommunalwahlen 1996 war die Wahlbeteiligung in Waging enorm hoch. Dies kann aber nicht darüber hinwegtäuschen, dass in den letzten Jahren und Jahrzehnten die Wahlbeteiligung kontinuierlich rückläufig war. Bei immer mehr Menschen macht sich der Eindruck breit, dass das Ausüben des Wahlrechts nichts Besonderes ist und die Beteiligung an der Wahl nicht notwendig wäre. Sicher ist für uns alle Demokratie etwas Selbstverständliches. Es wird als gegeben hingenommen. Und doch kann Demokratie auf Dauer nur durch die Beteiligung und dem Engagement möglichst vieler Bürgerinnen und Bürger überleben. Nur so kann auch die Demokratie in der Gemeinde attraktiv und lebendig bleiben. Die hohe Wahlbeteiligung bei den letzten Kommunalwahlen zeigt, dass diese Erkenntnis bei vielen in unserer Gemeinde vorhanden ist.

Man ist nicht nur für das verantwortlich, was man tut, sondern auch für das, was man nicht tut

Im nächsten dreiviertel Jahr werden sicher in Waging von den einzelnen Parteien und Wählervereinigungen Kandidatinnen und Kandidaten gesucht, die bereit sind, für den Gemeinderat zu kandidieren und sich der Wahl stellen. Selbstverständlich können nicht alle, die kandidieren, auch gewählt werden; doch garantiert eine hohe Anzahl von Kandidatinnen und Kandidaten den Wählerinnen und Wählern eine große Auswahl und damit auch ein Höchstmaß an demokratischer Entscheidungsmöglichkeiten. Wer erwartet, dass Gemeinwohl funktioniert und Demokratie klappt, muss auch selbst bereit sein, dabei mitzuhelfen, ob als Kandidat, als interessierter und engagierter Bürger oder durch die Beteiligung an Wahlen.

Ich stehe für weitere sechs Jahre zur Verfügung

Sicher haben Sie, liebe Wagingerinnen und Waginger, es bereits mitbekommen, dass ich bereit wäre, bei den nächsten Wahlen wieder als Bürgermeisterkandidat für die Marktgemeinde Waging am See zur Verfügung zu stehen. Die vergangenen fünf Jahre haben mir viel Freude gemacht, und mein Engagement und Einsatz für die Belange der Gemeinde und der Bürgerinnen und Bürger ist noch nicht erlahmt. Natürlich ist nicht immer alles nach Plan gelaufen und fast selbstverständlich ist es, dass Entscheidungen des Gemeinderats und des Bürgermeisters nicht immer so ausfallen, wie es sich der Einzelne gewünscht oder erwartet hat. Das mag daran liegen, dass wir als Gemeinde vorrangig um das Gemeinwohl bemüht sind, während der Einzelne verständlicherweise eher seine eigene Situation im Vordergrund sieht. Ich gehe aber davon aus, dass die Politik der Gemeinde für die Mitarbeit und den Einsatz jedes Einzelnen auch in Zukunft genug Möglichkeiten offen lässt. Ich würde mich auf jeden Fall freuen, wenn möglichst viele Wagingerinnen und Waginger ihre aktive Mitarbeit in der Gemeinde auch dadurch kundtun, dass sie sich zur Gemeinderatswahl aufstellen lassen.

Gemeinde als Keimzelle der Demokratie

Die im Jahre 1952 aus der Bayerischen Verfassung geschaffene Gemeindeordnung bezeichnet die Gemeinde als Grundform einer Gesellschaft, in der Bürger ein soziales Zusammenleben führen. In der Kommune wird ihnen ermöglicht zu arbeiten, zu wohnen und sich zu erholen. Deshalb ist die Kommunalwahl am 3. März 2002 unsere Wahl. Es geht dabei um die Zukunft unserer Gemeinde. Stellen Sie sich deshalb nicht abseits, sondern mitten ins Leben. Denn wir sind auch für das verantwortlich, was wir nicht tun.

Euer Bürgermeister

Gautrachtenfest und 100-jähriges Vereinsjubiläum des Trachtenvereins „D'Mühlberger" in Waging 2005. Von links: Sebastian Gasteiger, Sepp Schneider, Sepp Daxenberger und Peter Eicher.

42

Waginger Seeblattl 23 Dezember 2001

Krieg und Frieden?

Liebe Waginger Bürgerinnen und Bürger!

Besonders zum anstehenden Weihnachtsfest wünschen wir uns gerne gegenseitig eine friedliche Zeit. Weihnachten bietet uns Gelegenheit, über Frieden in unseren Familien, in unserem Land, aber auch über den Frieden auf unserer Welt nachdenken zu können. Die Ereignisse der letzten Monate haben sicherlich bei vielen von uns große Besorgnis aufkommen lassen. Der Friede bei uns in Deutschland, den wir schon über fünfzig Jahre fast als Selbstverständlichkeit auffassen, ist möglicherweise doch nicht so selbstverständlich. Vor allen Dingen aber sind die Kriege auf dieser Welt, die alle ja weit weg zu sein scheinen, näher an uns herangerückt. Plötzlich sehen wir uns fast gezwungen, diese Kriege, die Gewalt, die Zerstörung von menschlicher Hand auch anzusehen und uns darüber Gedanken zu machen.

Auch wenn bei uns im Land seit über fünfzig Jahren Frieden herrscht, so sterben doch jedes Jahr Millionen von Menschen durch die Auswirkungen des Krieges. Besonders Kinder sind überall auf der Welt die größten Leidtragenden dieser brutalen Auseinandersetzungen und Streitigkeiten. Wie so häufig geht es zuerst den Unschuldigen ans Leben. Friede, so merken wir immer mehr, ist keine Selbstverständlichkeit, sondern ein Zustand, für den man sich immer wieder neu einsetzen muss. Wir erkennen, dass Politik dabei eine wichtige Rolle spielt. Die Politik hat es die letzten fünfzig Jahre geschafft, unser Land vor Krieg zu schützen. Aber Friede ist sicher mehr als die Nichtanwesenheit von Krieg. Ich denke, wir müssen es in den nächsten Jahren auch in unserem Land schaffen, sozialen Frieden zu sichern. Die immer weiter auseinander klaffende Schere zwischen arm und reich ist ein Pulverfass, dass jederzeit in die Luft gehen kann. Diese Schere geht bei uns im Land immer weiter auseinander, aber mehr noch auf der Welt insgesamt. Unsere eine Welt droht aus den Fugen zu geraten. Es wird immer klarer, dass wir in Europa nicht auf einer Insel der Glückseligen leben, die nichts erschüttern kann. Wenn es uns allen zusammen nicht gelingt, die großen Krisenherde dieser Welt zu beseitigen, werden wir über kurz oder lang in die Krisen mit einbezogen.

Erschrocken stellen wir fest, dass Fanatismus oder auch Verzweiflung Menschen zu den schrecklichsten Taten treiben kann, die wir uns vorstellen können. Eine Welt, die immer näher zusammenrückt dank moderner Telekommunikationstechniken, dank Flugzeugen und der für viele selbstverständlichen Weltreisen, wird es sich auf Dauer nicht gefallen lassen, dass in Teilen der Welt Kinder verhungern und Menschen sinnlos ermordet werden, während an anderen Orten die Menschen oft nicht wissen, wohin mit Überfluss und Reichtum. Es wird uns deshalb nichts anderes übrig bleiben, als für einen Ausgleich auf dieser Welt zu sorgen. Auf Dauer jedenfalls können wir uns nicht darauf verlassen, dass Teile der Weltbevölkerung zusehen und es hinnehmen, dass für sie und ihre Nachkommen keine Perspektiven vorhanden sind. Die überall in der Welt vorhandenen Massenvernichtungswaffen tun ein übriges, die Gefahr für uns alle deutlich zu erhöhen.

Sicherheit, die wir uns alle wünschen, kann daher auf Dauer nicht durch noch so viel Militär und noch so viel Polizei allein gewährleistet werden. Gerechtigkeit ist erste Voraussetzung für dauerhaften Frieden.

Die Weihnachtszeit ist eine gute Zeit, über Gerechtigkeit, Krieg und Frieden nachzudenken. Ich wünsche Ihnen allen in den nächsten Tagen die Zeit zum Nachdenken und ein friedliches und ein besinnliches Weihnachtsfest.

Euer Bürgermeister

43

Waginger Seeblattl 25 Juni 2002

Region stärken

Liebe Waginger Bürgerinnen und Bürger!

Überall wird von Globalisierung gesprochen. Überall erleben wir globale Entwicklungen: in der Politik, in der Wirtschaft, aber auch in unserem Freizeitverhalten. Die täglichen Konsumgüter kommen von überall in der Welt. Das hat für uns viele Vorteile. Das Leben im Zeitalter der Globalisierung birgt aber auch eine ganze Reihe von Risiken. Globalisierung bedeutet häufig auch Gleichmacherei, bedeutet Uniformierung der Menschen, des Aussehens, der Gedanken, der Sprache und der Kultur. Globalisierung birgt auch die Gefahr der Zentralisierung, der Zusammenballung von Macht und Einfluss; zentrale Entscheidungsgremien sind oftmals nicht demokratisch gewählt oder wenigstens legitimiert. Die Macht wird nicht unbedingt mehr ausgeübt von denen, die von uns, den Wählerinnen und Wählern, mit dieser Macht ausgestattet wurden. Die großen Städte und Ballungsräume werden größer, mächtiger, aktiver und gleichzeitig auch immer unbeherrschbarer. Die ländlichen Räume bluten dafür mehr und mehr aus. Sie verlieren an Attraktivität, an Wirtschaftskraft, an Arbeitsplätzen und an Freizeitmöglichkeiten.

Hierin liegen einige Gründe, warum viele Menschen der Globalisierung unseres Lebens, der politischen Entscheidung und des Handels kritisch gegenüberstehen. Dies ist durchaus auch verständlich und nachvollziehbar. Ich persönlich will mich nicht grundsätzlich gegen Globalisierung aussprechen, aber ich meine, die Spielregeln im derzeitigen Wettbewerb sind falsch. Es entscheiden wenige Mächtige über Regeln, es entscheiden nicht politisch gewählte Vertreter über die Zukunftschancen, weder bei uns, noch in den sogenannten Entwicklungsländern. Es darf nicht sein, dass jemand einen Wettbewerbsvorteil dadurch erringt, dass er Mensch oder Natur ausbeutet.

Region als Partnerschaften gegen globale Gleichmacherei

Aber wie ist diese Entwicklung zu beeinflussen, zu stoppen oder zu verändern? Oftmals herrscht Resignation über die Tatsache, dass „die da droben" über uns da herunten hinweg entscheiden. Dies mag sicher häufig so sein. Doch haben wir alle miteinander die Möglichkeit, auch dagegen zu halten. Die in den letzten Jahren immer mehr diskutierten regionalen Partnerschaften, das Selbstbewusstsein der Menschen in den ländlichen Räumen und die kleinen Erfolge in der regionalen Kreislaufwirtschaft mit Stärkung unter Unterstützung von kleinen und überschaubaren Einheiten zeigt, dass im Spiel der sogenannten „Global Player" immer noch Platz ist für fantasievolle, wirkungskräftige Aktivitäten. Ich stelle mehr und mehr fest, dass positive Veränderungen in unserer Gesellschaft sich längst nicht mehr von oben nach unten entwickeln, sondern die positiven Entwicklungen genau umgekehrt verlaufen: Kleine Aktivitäten und Initiativen in den Regionen werden stärker und stärker und beeinflussen irgendwann über die Menschen auch die Politik, die Wirtschaft und das Handeln der Mächtigen.

Tag der Regionen

Aus diesem Grund gibt es seit einigen Jahren den Tag der Regionen. Ein Aktionsbündnis veranstaltet jedes Jahr im Oktober inzwischen deutschlandweit diesen Tag in zahlreichen Orten. Unser Bauern- und Handwerkermarkt ist unser Beitrag dazu. In diesem Jahr ist der Slogan „Bewusst genießen aus der Region". Damit wollen wir mehr Leute dazu bringen, mehr regionale Produkte aus dem Bereich der Landwirtschaft, aber auch aus dem Bereich des Handwerks, des Handels und der Dienstleistungen nachzufragen und diese den weltweit gleich geschnittenen, industrialisierten, globalisierten Produkten vorzuziehen. Ich würde mich sehr freuen, wenn viele Wagingerinnen und Waginger erkennen würden, dass regionales Handeln für alle Menschen, die in der Region wohnen, Vorteile bringt und dass auf diese Weise den Tendenzen zur Gleichmacherei wirkungsvoll etwas entgegengesetzt werden kann.

Euer Bürgermeister

44

Waginger Seeblattl 27 Dezember 2002

Trotz zusätzlicher Aufgaben: Weiterhin konsequent für Waging

Liebe Waginger Bürgerinnen und Bürger!

Sicher haben Sie davon gehört, dass ich am 24. November 2002 auf dem Landesparteitag der bayerischen Grünen zum Co-Landesvorsitzenden gewählt worden bin. Als amtierender Bürgermeister von Waging am See habe ich damit eine zusätzliche, nicht zu unterschätzende Aufgabe übernommen. Und so werden Sie sich vielleicht gefragt haben: Lässt sich denn die gleichzeitige Ausübung zweier so verantwortungsvoller Tätigkeiten auch miteinander vereinbaren? Oder werden wir in Waging zukünftig nur noch einen „halben Bürgermeister" haben? So möchte ich die Gelegenheit nutzen, Ihnen an dieser Stelle meine Überlegungen zur zukünftigen Arbeitsstruktur hier darzulegen.

Natürlich wird es nicht ganz einfach, beide Funktionen immer unter einen Hut zu bringen. Aber ich habe bei meiner Bewerbungsrede auf dem Parteitag deutlich gemacht, dass ich Bürgermeister der Marktgemeinde Waging am See bin und es auch bleiben werde. Weiter habe ich klargemacht, dass ich meine Aufgabe als Bürgermeister konsequent und in der gewohnten Gründlichkeit ausüben werde. Natürlich erfordert die Arbeit als Bürgermeister großen Einsatz und viel Engagement. Und ich glaube, dass ich dieses Engagement in den letzten Jahren auch unter Beweis gestellt habe. Meine Wiederwahl im Frühjahr mit einem hervorragenden Ergebnis ist für mich Auftrag, der Marktgemeinde auch in Zukunft treu und konsequent zu dienen. Nun werde ich sicher, um die anstehenden Aufgaben schultern zu können, das eine oder andere umorganisieren müssen. Ich möchte nur am Rande daran erinnern, dass vor meiner Zeit die Gemeinde Waging von einem ehrenamtlichen Bürgermeister geführt wurde. Die beiden Bürgermeister-Vertreter und meine Mitarbeiter in der Verwaltung haben mir ihre Unterstützung zugesagt. Sie werden immer dann, wenn es sinnvoll und richtig ist, mich bei der Repräsentation und Führung der Gemeinde unterstützen und mir auch durch die Übernahme von gewissen Aufgaben den Rücken frei halten.

Darüber hinaus werde ich in nächster Zeit vier Ehrenämter abgeben, die ich in den letzten Jahren übernommen habe. So gebe ich den Vorsitz des Vereins „Region aktiv Chiemgau-Inn-Salzach" in Kürze ab. Von meiner Funktion als stellvertretender Landesvorsitzender der Arbeitsgemeinschaft bäuerliche Landwirtschaft werde ich mich ebenso zurückziehen wie von meinem Posten als Vorstandsmitglied unserer kommunalpolitischen Vereinigung bei den Grünen. Nach fünf Jahren Mitarbeit werden ich mich schließlich auch aus dem Bezirkstag von Oberbayern zurückziehen. Alle vier Ehrenämter haben mich zeitlich stark in Anspruch genommen. Fast alle Bürgermeister übernehmen neben ihrem Beruf als Bürgermeister eine ganze Reihe von Ehrenämtern, die sie manchmal auch aufgrund ihres Amtes übertragen bekommen haben. Hier Aufgaben abzulegen macht sicherlich Sinn, um neue Schwerpunkte zu setzen.

Parteiführung im Ehrenamt

Aufgrund meines Berufes als Bürgermeister der Gemeinde Waging am See machte ich meiner Partei deutlich, dass ich deshalb die Partei als ehrenamtlicher Vorsitzender führen werde. Dies ist bei Vorsitzenden von Parteien auch die Regel – sowohl bei Landesvorsitzenden meiner Partei in anderen Ländern als auch bei anderen Parteien in unserer bayerischen und deutschen Parteienlandschaft. So ist etwa der bayerische Ministerpräsident, der sicherlich weitaus größere und anspruchsvollere Aufgaben in der Führung des Freistaats Bayern hat, auch gleichzeitig ehrenamtlicher Vorsitzender seiner Partei. Die tägliche Arbeit der Parteiführung wird durch die Einstellung eines zusätzlichen Mitarbeiters in München gewährleistet.

Ich bin weiterhin für Sie da

Ich möchte Ihnen mit dem heutigen Beitrag im Waginger Seeblattl nicht nur alles Gute und die besten Wünsche für das neue Jahr aussprechen, sondern Ihnen auch versichern, daß ich weiterhin für Sie da sein und mich für Sie einsetzen werde.

[…]

Blick über den Waginger See auf Zwiesel und Staufen

45

Waginger Seeblattl 29 Juni 2003

Beständigkeit und Wandel

Liebe Waginger Bürgerinnen und Bürger!

„Wer will, dass alles bleibt, so wie es ist,
wird erreichen, dass nichts so bleibt,
wie es war."

Dieser bekannte Spruch hat sicherlich viel Wahres und zeigt auch gleichzeitig den Widerspruch in uns allen auf. Einerseits wollen wir die Weiterentwicklung, wollen wir Aufbruch und Fortschritt, andererseits halten wir gerne an unseren liebgewonnenen und gewohnten Bräuchen fest. Da zwickt sich manchmal was, und gerade in der politischen Verantwortung bekommt man dabei manches Mal Probleme. Während man einigen zu forsch voranschreitet, geht es anderen viel zu langsam. Das richtige Maß zu finden und zu erkennen, wann zu bremsen und wann Gas zu geben ist, darin besteht sicherlich die Kunst in der Politik, und genauso erforderlich ist es bei den täglichen Entscheidungen der Verantwortlichen in Gesellschaft, Wirtschaft und Staat.

Nur wer sich verändert, bleibt sich selber treu

Zu glauben, dass wir mit Rezepten von früher die Probleme der Zukunft lösen können, ist sicherlich falsch. Genau so falsch aber wäre es, die Erfahrungen, die Lebensweisheiten, die Erkenntnisse der früheren Generationen oder auch nur der letzten Jahre zu ignorieren und nicht mit ins Kalkül zu ziehen. Hier die richtige Mischung zu finden, erfordert ebenso Fingerspitzengefühl und ist sicherlich nicht immer ganz leicht.

Die Entscheidung zwischen Beibehalten oder Verändern muss sich eigentlich auch jeder selber immer wieder stellen. Es gibt keinen Beruf mehr, den man genau so, wie man ihn erlernt hat, sein ganzes Arbeitsleben hindurch ausüben kann. Wir müssen uns im Umgang mit Menschen verändern und anpassen, neue Entwicklungen annehmen. Wir müssen in einer sich globalisierenden Welt aufpassen, dass wir den Begriff von Heimat, von Geborgenheit und Dazugehörigkeit nicht über Bord werfen und gänzlich einer Aufbruch- und Veränderungsstimmung unterordnen.

Auch persönlich wird man immer wieder überrascht von neuen Entwicklungen, manches kommt unverhofft, manches war schon lange vorherzusehen. Nicht alles, was einem widerfährt, ist erfreulich, vieles würde man gern auslassen und nicht erleben müssen. Aber man kann es sich nicht aussuchen, und auch schwierige Entwicklungen verlangen nach Lösungen, ob privat oder beruflich.

Arbeit für die Gemeinde steht bei mir weiterhin im Mittelpunkt

Es werden in letzter Zeit immer wieder Gerüchte und Mutmaßungen über meine politische bzw. berufliche Zukunft in Umlauf gesetzt. Deshalb möchte ich es an dieser Stelle in aller Klarheit wiederholen: Der Mittelpunkt meiner Arbeit und meines Interesses ist und bleibt weiterhin meine Aufgabe als Bürgermeister der Marktgemeinde Waging am See. Im letzten Jahr bin ich mit einem sehr guten Ergebnis von den Waginerinnen und Wagingern für sechs Jahre zum ersten Bürgermeister gewählt worden, und ich bin die mir übertragenen Aufgaben immer verantwortlich und engagiert angegangen. Zusätzliche Aufgaben und Verantwortungen habe ich nur dann angenommen, wenn ich persönlich der Überzeugung war, diese schultern zu können.

Sollten Sie, liebe Bürgerinnen und Bürger, den Eindruck haben, dass ich meine Aufgabe für die Gemeinde und in der Gemeinde vernachlässige, bitte ich Sie, mir das direkt mitzuteilen. Dies ist meiner Meinung nach der richtige Weg, Fragen zu klären und Spekulationen gar nicht erst aufkommen zu lassen. Ich möchte unbedingt vermeiden, dass durch solche Mutmaßungen Entscheidungen oder Entwicklungen in und für die Gemeinde verzögert oder falsch laufen. Ich kann mir auch nicht vorstellen, dass mir hier etwas vorgeworfen werden kann oder dass es den Bürgerinnen und Bürgern nicht mehr möglich wäre, ihre Probleme direkt bei mir anzubringen. Bitte haben Sie Verständnis, wenn Sie mich nicht immer gleich antreffen. Es ist eine falsche Schlussfolgerung zu meinen, wenn der Bürgermeister nicht im Rathaus ist, ist er auch nicht für die Gemeinde tätig. Mein Aufgabenfeld als Bürgermeister umfasst wesentlich mehr als die Arbeit im Büro.

Für mich als politisch interessierten und engagierten Menschen ist wichtig, dass ich neben meiner Aufgabe als Bürgermeister in Waging noch anderweitig politisch tätig sein kann. Diese Kombination und diese Möglichkeit erhöht für mich auch die Freude und die dauerhafte Bereitschaft, mich in und für die Gemeinde einzusetzen. Meine vielfältigen politischen Aufgaben und Interessen bringen es natürlich auch mit sich, dass ich ein recht eingeschränktes Privatleben habe. Dass dies zu Spannungen und Problemen führen kann, wird sich wohl jeder vorstellen können. Dass man als jemand mit eingeschränktem Privatleben trotzdem ein Recht auf eben jenes private Leben hat, bitte ich zu respektieren. Als Bürgermeister habe ich eine klare Aufgabe in der Öffentlichkeit, als Privatmensch habe ich auch einen Anspruch auf Privatsphäre.

Herzlichst

Euer Bürgermeister

46

Waginger Seeblattl 30 September 2003

[...]

Bürgergesellschaft stärken

Es wäre natürlich schön, wenn die derzeitige Finanzkrise der Kommunen auch in größeren Gemeinden zu mehr Bürgersinn und Gemeinschaftsdenken führen könnte. Aber wieso sollte es nicht möglich sein, auch in einer größeren Gemeinde mit Hilfe von Bürgerinnen und Bürgern ein Schulhaus zu sanieren, Vorplätze und Parks zu gestalten, Spielplätze zu errichten? In kleinen Gemeinden und Dörfern passiert dies noch heute häufig. In großen Gemeinden ist es üblich, dass Mängel angezeigt und rasches Handeln eingefordert wird. Vielleicht hat die Finanzkrise der Kommunen auch den Vorteil, dass die Gemeinde in Zukunft nicht mehr nur als Dienstleistungseinheit gesehen wird, sondern auch wieder als gemeinsame Aufgabe, unser Umfeld und unser Zusammenleben zu gestalten. Die Gemeinde, der Gemeinderat und die Gemeindeverwaltung werden dabei auch in Zukunft immer eine wichtige Rolle spielen. Den Bürgern wieder mehr Verantwortung und Kompetenz zu geben, wäre aber sicherlich die richtige Antwort in schwierigen Zeiten.

[...]

47

Waginger Seeblattl 31 Dezember 2003

Mein Wunsch für das neue Jahr: Offener und ehrlicher Umgang

Liebe Waginger Bürgerinnen und Bürger!

„Mitleid bekommt man umsonst, Neid muss man sich erarbeiten." Wenn ich diese alte Binsenweisheit als meine Richtschnur betrachten würde, könnte ich mich zufrieden zurücklehnen, denn offensichtlich habe ich mir in letzter Zeit einiges an Neid erarbeitet. Ich kann aber nicht gut damit umgehen und deswegen möchte ich heute einmal ganz offen auf die meines Erachtens seit Monaten in der Gemeinde schwelende Rufmordkampagne gegen mich eingehen. Es war und ist nicht meine Art, auf jede Verleumdung und Stichelei sofort zu reagieren, denn wenn man in der Öffentlichkeit steht, muss man auch einiges ertragen, aber es gibt Grenzen.

Die Gemeinde steht im Mittelpunkt

Ich habe vor einem Jahr in meinen Grußwort in der Gemeindezeitung versprochen, dass meine Arbeit für die Gemeinde Waging am See und im Rathaus auch nach der Übernahme meines neuen Amtes als Landesvorsitzender im Mittelpunkt stehen wird. Ich denke, dieses Versprechen habe ich gehalten. Zumindest wurde mir von keiner Seite jemals gesagt oder vorgehalten, dass ich irgend etwas in der Gemeindeentwicklung übersehen, verschlafen oder missachtet hätte. Natürlich kann man kritisieren, dass ich nicht mehr auf jedem Sommerfest und bei jeder Jahreshauptversammlung war. Abgesehen davon, dass ich es auch vorher nicht war, sind diese Freizeitaktivitäten im Dienste der Gemeinde zwar schön und angenehm, aber nicht entscheidend für die Arbeit für die Gemeinde. Ansonsten ist die Entwicklung unter den allgemein mehr als schlechten Rahmenbedingungen nach wie vor gut und akzeptabel und die Entwicklung der Gemeinde in den letzten Jahren wird von vielen in der Region positiv betrachtet und beurteilt.

Auch mein weiteres Versprechen, konsequent zwischen Parteiamt und Bürgermeisteramt zu trennen, konnte ich halten. Auch hier habe ich mir nichts vorzuwerfen und bekam keine Vorwürfe von außen. Nach wie vor laufen die Entscheidungen für die Gemeinde im Rat und in den Gremien sachlich und themenbezogen, in der Regel sogar mit einstimmigen Beschlüssen.

Schmutzkampagnen aus dem Verborgenen

Da aber offensichtlich nicht sein kann, was nicht sein darf und Neider selbstverständlich nie ganz aussterben werden, muss eben mit Dreck geworfen werden, denn damit ist es schon oft gelungen, Menschen zu zerstören. Da werden plötzlich auswärtige Zeitungen und Artikel über mich im Ort verteilt und sogar der Focus wird bemüht. Da werden Personalentscheidungen aus der Vergangenheit, die einstimmig von Gemeinderat bzw. Verwaltungsgemeinschaft getroffen wurden, als Spezlwirtschaft und eigenmächtige Amtsführung bezeichnet. Da wird ein Alois Glück als Kronzeuge zitiert, der sich umgehend davon distanziert hat. Alois Glück hat mir gegenüber sowohl mündlich als auch schriftlich bestätigt, dass er mit diesen Aussagen nicht das Geringste zu tun hat. Aber wenn es hilft, jemanden zu zerstören, zu verletzen und schlecht zu machen, scheut man eben auch nicht vor einer Lüge zurück und wenn es gegen den grünen Bürgermeister und Landesvorsitzenden geht, schon zweimal nicht. Da wird plötzlich in der Zeitung über mein Gehalt spekuliert und schwindelerregende Zahlen genannt.

Da mein Gehalt kein Geheimnis ist und jedes Jahr im Haushalt ausgewiesen wird, kann ich es auch gerne hier in der Gemeindezeitung veröffentlichen. Ich verdiene als Bürgermeister gut und anständig, möchte aber doch auch darauf hinweisen, dass ich vor meiner Arbeit als Bürgermeister als Landtagsabgeordneter um einiges mehr verdient habe. Ich habe diesem Gehalt nie nachgetrauert. Im Gegenteil, ich habe mich für das Amt als Bürgermeister beworben und freue mich, dass ich als Bürgermeister der Gemeinde dienen kann und bin auch mit der Bezahlung absolut zufrieden. Ich bin, auch das sollte man nicht verheimlichen, in der untersten Gehaltsstufe A 15, in die mich der Gemeinderat eingruppieren kann. Ich verdiene als Bürgermeister und als Vorsitzender der Verwaltungsgemeinschaft zusammen etwas weniger als 5000 Euro im Monat, ziemlich genau die Hälfte von dem, was in einer Zeitschrift veröffentlicht wurde. Von diesem Einkommen als Wahlbeamter habe ich noch meine Krankenversicherung zu bezahlen. Darüber hinaus beziehe ich keine Einkünfte, außer aus meiner Landwirtschaft. Meine Arbeit als Landesvorsitzender erfülle ich vollkommen ehrenamtlich. Dafür bekomme ich keinen Euro.

Da wird behauptet, ich fahre zum Tanken nach Österreich; was ich persönlich zwar nicht als ehrenrührig ansehen würde, viele machen das wohl so. Mir das zu unterstellen, obwohl ich es nicht mache, dient nur dem Zweck, mich in der Öffentlichkeit als unglaubwürdigen Menschen hinzustellen, der Wasser predigt und Wein säuft. Da wird mir unterstellt, ich würde das Bürgermeisteramt illegal als Schaltzentrale für die Grünen nutzen. Auch hier ist meine gesamte ehrenamtliche Tätigkeit als Landesvorsitzender von sämtlichen Rechtsaufsichtsbehörden Landratsamt, Gemeindetag, Finanzministerium etc. rechtlich abgeklärt und geprüft. Meine Vorgehensweise ist korrekt und wurde von keiner Seite beanstandet. Dies liegt auch allen in der Gemeinde vertretenen Fraktionen in umfangreichen Papieren vor.

Unterstützen Sie nicht die Boshaftigkeit

Klar ist mir natürlich, dass die aggressive Kampagne gegen mich nur von wenigen Leuten wohl aus der Gemeinde Waging ausgeht. Trauriger finde ich es schon, dass es ganz offensichtlich viele in der Gemeinde gibt, die sich an dieser Kampagne laben oder sie unterstützen und weitertragen. Die Vorgehensweise, mit Hilfe von Lügen und Halbwahrheiten Menschen in den Dreck zu ziehen, deren guten Ruf zu zerstören, erschüttert mich zutiefst. Denn es geht dabei nicht nur um mich, es geht um meine Mitarbeiter im Rathaus, es geht um Menschen in meinem Umfeld, die ihren Namen plötzlich im Focus lesen müssen, ohne auch nur zu ahnen, wie ihnen geschieht. Es geht vor allem um meine Familie, die ich vor solchen Boshaftigkeiten und Gemeinheiten nicht schützen kann. Ich bitte Sie deshalb innigst und herzlichst, unterstützen Sie nicht jene Kräfte in der Gemeinde, die versuchen, mir mein Amt als Bürgermeister zu verleiden.

Vielleicht ist auch abschließend die Frage erlaubt, ob es generell richtig ist, Menschen, die in der Öffentlichkeit stehen, mit Dreck zu bewerfen und mit Schmutzkampagnen überziehen zu dürfen. Vielleicht finden wir dann bald keine Menschen mehr, die bereit sind, es sich anzutun, Verantwortung zu übernehmen und im Mittelpunkt zu stehen. Wir dürfen uns alle zusammen nicht wundern, wenn die Besten in unserer Gesellschaft sich immer weniger zu öffentlichen Ämtern und Aufgaben hingezogen fühlen, denn kaum ist man im Amt, treten die Neider auf den Plan, die nichts unversucht lassen, um diese Menschen kaputt zu machen. Deshalb noch einmal meine Bitte an Sie für das neue Jahr: Was Du nicht willst, das man Dir tu, das füg auch keinem andern zu.

Herzlichst

Euer Bürgermeister

Musikalischer Weckruf zum Gautrachtenfest 2005

48

Waginger Seeblattl 33 März 2004

Gesundheit

Liebe Waginger Bürgerinnen und Bürger!

Wenn Sie diese Zeilen lesen, bin ich bereits wieder im Amt und hoffentlich voller Tatendrang und Energie. Jetzt aber, Anfang September, bin ich gerade kurz aus dem Krankenhaus entlassen worden und befinde mich auf dem Weg der Besserung.

Drei Wochen Krankenhausaufenthalt mit Hochdosis-Chemotherapie und Stammzellentransplantation liegen hinter mir. Es scheint, dass auch diesmal alles gut gegangen ist und die Therapie angeschlagen hat, so wie bei meinem ersten Krankenhausaufenthalt im April/Mai. Auch damals wurde ich mit einer Hochdosis-Chemo und Stammzelltherapie behandelt. Mehr als zwei Monate war ich in diesem Jahr schon im Krankenhaus, dazu noch einige Wochen Erholung und vor allen Dingen im Frühjahr oft einzelne Tage, in denen ich es kaum schaffte, mich ins Rathaus zu schleppen. Nun aber kann ich davon ausgehen, dass die Therapie erfolgreich war und ich wieder in den Vollbesitz meiner Kräfte komme. Meine Krebserkrankung ist zwar nicht geheilt, das sagen auf jeden Fall die Ärzte, aber immerhin so weit zurückgedrängt, dass ich in nächster Zeit damit keine Probleme haben werde. Jetzt geht es darum, dass ein erneuter Rückfall nicht mehr oder wenn, dann erst in vielen Jahren kommen wird. Jedenfalls schaue ich optimistisch in die Zukunft und bin persönlich davon überzeugt, wieder ganz gesund zu sein bzw. zu werden.

Ich habe mir lange überlegt, ob ich überhaupt im Gemeindeblatt über meine Krankheit schreiben soll, aber ich denke, die Wagingerinnen und Waginger haben ein Anrecht zu erfahren, wie der Gesundheitszustand ihres Bürgermeisters ist.

Persönlich sehe ich jedenfalls keinen Grund, in den nächsten Monaten nicht wieder in den Vollbesitz meiner Kräfte zu kommen, um mich zu 100 Prozent meinen Aufgaben widmen zu können.

[…]

Unser höchstes Gut: Unsere Gesundheit

Bis vor einem Jahr habe ich mir über das Thema Gesundheit kaum Gedanken gemacht. Groß, kräftig und belastbar: Darauf war ich stolz und habe es auch immer als Selbstverständlichkeit gesehen. Wenn man gewohnt ist, viel zu arbeiten, aktiv zu sein, viel unterwegs zu sein, trifft einem natürlich eine Erkrankung aus heiterem Himmel ganz besonders. Erst wer so etwas oder ähnliches schon mal erlebt hat, kann den Wert der Gesundheit richtig einschätzen.

Damit bin ich auch beim Thema Krankenhaus. Ich habe für dieses Seeblattl einen längeren Artikel zur Situation Krankenhaus und Altenheim verfasst. Dass das Waginger Krankenhaus geschlossen werden muss, freut niemanden in Waging. Das habe ich auch schon des Öfteren zum Ausdruck gebracht. Als jemand, der in den letzten Monaten das Gesundheitssystem sehr intensiv kennen lernen musste, möchte ich aber auch betonen, dass eben die Fortschritte der Medizin in vielen Fällen gewaltig sind. Noch vor wenigen Jahren wäre für meine Krebserkrankung keine Behandlungsmöglichkeit zur Verfügung gestanden, und so ist es bei vielen Krankheiten. Medizinische Entwicklungen kosten Geld, so wie sie auf der anderen Seite auch segensreich wirken. Dies verlangt Tribut von der Gesellschaft und vom Staat. Es gibt nur zwei Möglichkeiten: Entweder die Versicherten werden durch höhere Beiträge zu Kranken- und Pflegeversicherung ständig mehr belastet. Denn die Beiträge werden angesichts der alternden Gesellschaft, in der immer mehr Menschen aus dem Arbeitsleben bereits ausgeschieden sind, explosionsartig nach oben gehen. Oder, als zweite Möglichkeit, es sind Kosten einzusparen und einzudämmen, zu zentralisieren und einzugrenzen. Dies zu schaffen, ohne sinnvollen medizinischen Fortschritt aufzuhalten und ohne eine Zwei-Klassen-Medizin aufzubauen, erscheint kaum möglich.

Den Königsweg kennt niemand. Es wird vermutlich eine Mischung aus beidem sein. Aber wie es so ist, um Kompromisse wird gestritten, wird gerungen. Das ist Aufgabe der Politik; es ist aber auch Aufgabe der Gesellschaft, sich an der Diskussion zu beteiligen. Das wird nicht ohne Meinungsverschiedenheiten gehen. Auch wir werden in unserer Gesellschaft lernen müssen, auch in unserer Gemeinde, dass es kaum möglich sein wird, 100 Prozent vom Kuchen abzubekommen. Wir müssen lernen, dass wir bei Kompromissen selbst Abstriche machen müssen von den eigenen Interessen und den eigenen Wünschen. Nur wenn wir das können, wenn wir lernen, auf Wünsche zu verzichten und akzeptieren, dass nicht alles möglich ist, wird Gemeinwesen auch in Zukunft funktionieren.

Ich wünsche Ihnen allen Gesundheit und Zufriedenheit.

Euer Bürgermeister

Andreas Kuhnlein:
Der Denker bei der Waginger Kirche

49

Waginger Seeblattl 34 — Dezember 2004

[…]

Unseren Kindern Zukunft schenken

Derzeit wird landauf landab intensiv über die Bildungspolitik in unserem Lande diskutiert. Unsere Kinder haben im internationalen Vergleich schlecht abgeschnitten, der Staat und die Gesellschaft lassen sich die Ausbildung unserer Kinder und Jugendlichen zu wenig kosten. Im Vergleich mit vielen Ländern sind wir hinten dran. Da wird wohl nicht nur in der Politik, sondern auch ganz sicher an so manchen Stammtischen und Elternversammlungen heftig über den richtigen Weg gestritten. Mehr Freiheit oder mehr Prüfungen, mehr Schule oder mehr Angebote, mehr Geld oder mehr Eigenverantwortung? Sicher ist, dass an der Frage der Bildung unserer Kinder und Jugendlichen sich die Zukunftsfähigkeit unserer Gesellschaft festmachen wird. Wir wissen alle, dass unser wertvollster Rohstoff der Geist ist und wir können es uns sicher in Zukunft nicht mehr leisten, angesichts der weltweiten Herausforderungen mit diesem wertvollen Rohstoff so verschwenderisch umzugehen. Wir können es uns nicht mehr leisten, dass soziale Herkunft oder auch das Engagement der Eltern darüber entscheidet, ob die vorhandene Veranlagung der einzelnen Kinder gut oder schlecht ausgenutzt wird. Die Bildung von Kopf und Herz gleichzeitig ist ebenso wichtig wie das Fördern und Fordern unserer Kinder. Die Bildungspolitik von Bund und Land muss dafür in den nächsten Jahren die richtigen Weichen stellen. Investitionen in die Bildung unserer Kinder haben die größte Rendite, die wir uns überhaupt vorstellen können.

[…]

Kindergartenfest in Tettenhausen

50

Waginger Seeblattl 36 Oktober 2005

Klimaveränderung und Energieknapppheit

Liebe Waginger Bürgerinnen und Bürger!

Genau drei Jahre ist es her, dass ich in meinem Grußwort das Jahrhunderthochwasser im Jahr 2002 in Deutschland zum Thema machte. 100 Jahre sind noch nicht herum, aber ein sogenanntes Jahrhunderthochwasser hatten wir auch in diesem Jahr. Zum Glück ist auch in diesem Jahr unsere Gemeinde verschont geblieben, aber der südliche Landkreis hatte schon im Juni mit furchtbaren Überschwemmungen zu kämpfen, Mitte August dann das Hochwasser im Allgäu und im bayerischen Oberland. Nun sozusagen als Krone der ganzen Dramatik der Hurrikan in den USA, der eine Großstadt in wenigen Sekunden quasi vernichtet hat. Windstürme und vor allen Dingen Überschwemmungen in bisher nicht bekanntem Ausmaß haben nicht nur mehrere hundert Todesopfer gefordert, sondern zeigen uns erneut unsere Machtlosigkeit und unsere Grenzen auf.

Nur dieses Mal ist etwas Neues dazugekommen, denn mehr oder minder zeitgleich mit Auftreten dieses enormen Hurrikans sind die Energiepreise geradezu explodiert. Hatten wir schon in den letzten Monaten beobachten können, dass aufgrund des Energiehungers auf unserer Welt die Förderkapazitäten der Ölquellen in den Ölförderstaaten an ihre Grenze gekommen sind, so hat sich jetzt durch den weitgehenden Ausfall der Öl-Raffinerie-Anlagen im Golf von Mexiko die Situation noch einmal dramatisch verschlechtert. Sicherlich werden die Ölkonzerne ein Übriges dazu tun, diese Situation auszunutzen. Dass durch Börsenspekulation und ähnliches hier genügend Leute Geld verdienen, das von allen bezahlt werden muss, ist ebenfalls leidlich bekannt.

Doch ist unverkennbar, dass es einen direkten Zusammenhang zwischen den Umweltkatastrophen und steigenden Energiepreisen gibt. Inzwischen ist es keine These mehr von einigen Umweltschützern, sondern es liegt klar auf der Hand, dass durch den enormen Verbrauch von fossilen Energieträgern, vor allem in den reichen Ländern, sich das Klima verändert und ein verändertes Klima eben auch negative Auswirkungen hat. Dass es bei dieser Klimaveränderung Gewinner und Verlierer geben wird, war und ist längst klar. Dass diese Naturkatastrophen aufgrund von Menschen gemachter Veränderungen und Eingriffen unausweichlich sind, ist heute Erkenntnisstand der Wissenschaft und der Politik. Darauf entsprechend zu reagieren und die Lehren und die Konsequenzen zu ziehen, steht uns noch bevor, auch wenn erste positive Schritte zu beobachten sind. Es geht hier nicht um Schuldzuweisung, sondern um die Konsequenzen und die Frage, ob aus den Erkenntnissen auch Schlussfolgerungen gezogen werden.

Energie – ein wertvolles Gut

Und damit bin ich bei der zurzeit alle beschäftigenden Frage der Energie. Für viele stehen dabei zunächst die hohen Spritpreise an der Tankstelle und die hohen Heizölpreise im Vordergrund; aber es geht um mehr. Nur wenige Generationen verbrauchen die im Boden gespeicherte Energie von Jahrmillionen. Über Jahrmillionen wurden fossile Energieträger wie Kohle, Gas oder Öl im Boden gespeichert. Dabei wurde CO_2 im Boden gebunden. Durch das Ausbeuten dieser Energie und die bei der Verbrennung freigesetzten CO_2-Belastungen sind wir nun beim Thema Klimaveränderung. Eine Klimaveränderung, die uns bereits jetzt in große Schwierigkeiten bringt. Es ist aber auch klar, dass die fossilen Energievorräte irgendwann zu Ende gehen werden.

Die enorme Preissteigerung von Öl auf dem Weltmarkt mag zu einem gewissen Teil Panikreaktion und Situationsausnutzung sein. Fakt ist aber, dass die Energiepreise in den nächsten Jahren nur einen Weg kennen, nämlich den nach oben. Da es sich bei der Energie um ein begrenztes, kostbares Gut handelt, ist klar, dass die Zeiten billiger Energie vorbei sind. Das bedeutet für uns, sparsamen Einsatz dieser kostbaren Energie und es bedeutet vor allen Dingen schrittweisen Umstieg von fossilen Energien wie eben Öl und Gas hin zu erneuerbaren Energien wie Sonne, Wind, Wasser und Biomasse. Nur hier kann eine Zukunft liegen, unabhängig zu werden von den fossilen Energieträgern, neue Märkte zu erschließen und der nächsten Generation neue Chancen zu geben – sowohl was die Umwelt als auch was Arbeit und Wirtschaft betrifft. Es gibt unendliche Möglichkeiten, durch die Produktion von Energie hier bei uns sowohl im Produktions- als auch im Entwicklungsbereich Innovationen und neue Arbeitsplätze zu schaffen. Insofern sind Klimaveränderung, Naturkatastrophen und hohe Energiepreise nicht nur eine Bedrohung, sondern auch eine Chance. Wir haben in der Gemeinde Waging am See bereits in den letzten Jahren vieles getan im Bereich sparsamer Einsatz von Energie und Produktion von erneuerbaren Energien. Dieser Weg ist noch lange nicht zu Ende und birgt noch viele Möglichkeiten und Chancen.

Herzliche Grüße

Euer Bürgermeister

51

Waginger Seeblattl 38 Mai 2006

Krebserkrankung lässt mich nicht los

Liebe Waginger Bürgerinnen und Bürger!

Wie wahrscheinlich viele von Euch schon erfahren haben, ist bei mir erneut die Krebserkrankung an den Tag getreten und ich muss mich wieder einer aufwendigen, langwierigen und nicht ungefährlichen Therapie unterziehen. Gerade mal eineinhalb Jahre ist es her, da habe ich im Seeblattl vom September 2004 mein Grußwort dem Thema Gesundheit gewidmet. Ich habe ausführlich über meine Krebserkrankung und die hinter mir liegende Therapie gesprochen. Ich habe damals darauf hingewiesen, dass meine Krebserkrankung nicht geheilt ist, sondern lediglich gestoppt werden konnte. Eine Heilung der Krebserkrankung Plasmozytom ist nach wie vor nicht möglich. Ich habe dies aber gleichzeitig mit der Hoffnung verbunden, viele Jahre beschwerdefrei zu bleiben. Eineinhalb Jahre ohne Belastung und ohne Krebserkrankung waren eineinhalb gute Jahre, aber etwas länger hätte es schon sein dürfen. Nun steht mir erneut die Prozedur wie vor zwei Jahren bevor bzw. bin ich schon mitten drin. Seit Ostern bin ich in der ambulanten Chemotherapie. Diese wird sich sicher bis in den Sommer hineinziehen. Dazu muss ich regelmäßig ins Krankenhaus nach Trostberg fahren. Ich vertrage die Chemobehandlung ganz gut, habe lediglich einzelne Tage bzw. Wochenenden, in denen ich quasi ausfalle und nicht aus dem Bett kommen werde. Trotzdem habe ich mir vorgenommen, auf jeden Fall meine Arbeit gewissenhaft und konsequent weiterzuführen. Zum einen, weil es mir, wenn auch mit gewissen Einschränkungen möglich ist, zum zweiten, weil ich gerne für die und in der Gemeinde arbeite. Wie es dann nach der viermonatigen Vorbehandlung weitergeht, ist noch unklar. Wir haben mittlerweile die Suche nach einem Blutstammzellenspender eingeleitet. Bei der Behandlung vor zwei Jahren habe ich ja eigene Stammzellen transplantiert bekommen. Da diese nicht besonders lange gehalten haben, ist nun der Vorschlag, die Transplantation mit fremden Blutstammzellen vorzunehmen. Dazu muss in der weltweiten Spenderdatei ein möglicher geeigneter Spender gesucht werden. Ob jemand gefunden wird, ist noch unklar. Ob letztendlich für mich eine Fremdtransplantation in Frage kommt, ist ebenfalls noch nicht endgültig entschieden, da hier das Risiko von Abstoßungsreaktionen relativ groß ist. Für mich bedeutet das eine Abwägung, ob ich eine Therapieform annehmen soll, die einerseits bei Gelingen eine längere Phase der Beschwerdefreiheit verspricht, die andererseits aber ein nicht geringes Risiko von Abstoßungsreaktionen und damit verbundenen möglicherweise dramatischen Folgen beinhaltet. Hier wollen wir aber auch abwarten, wie die augenblickliche, vorbereitende Chemotherapie abläuft.

Bitte um Unterstützung und Verständnis

Dieses Mal habe ich mich entschlossen, mich bereits zu Beginn meiner Therapie offiziell über unsere Gemeindezeitung an die Waginger Bürgerinnen und Bürger zu wenden und damit gleichzeitig um Verständnis für die in Zukunft ausstehenden Ausfallzeiten von mir zu bitten, andererseits aber auch um Euch um Unterstützung und Rückendeckung zu bitten, um Verständnis dafür, dass ich möglicherweise in diesem Jahr nicht zu allen Veranstaltungen, Festen usw. kommen oder nicht die ganze Zeit bleiben kann, und um Rückendeckung bei meiner Arbeit und der notwendigen Weiterentwicklung der Gemeinde Waging am See. Wir hatten in den letzten Jahren einige schwierige Jahre. Dazu war es notwendig zusammenzurücken, in manchen Bereichen auch den Gürtel enger zu schnallen. Nun, scheint mir, ist das Tal durchschritten, die Gemeinde kann neue Aufgaben annehmen und dazu sind bereits wichtige Weichen gestellt. Durch meine Erkrankung werden manche in der Gemeinde zusätzliche Aufgaben und mehr Verantwortung übernehmen müssen. Ich weiß, dass dies funktioniert und die Betroffenen diesen Einsatz gerne bringen.

Ich erkenne aber gerade in solchen Situationen, in denen einem die eigene Gesundheit die Grenzen aufzeigt, wie gerne ich Bürgermeister der Gemeinde Waging am See bin, wie schön es ist, eine gut funktionierende Gemeinde leiten und führen zu dürfen, wie spannend es ist, an vorderster Stelle mitzuentscheiden bei der Weiterentwicklung einer zukunftsfähigen Gemeinde. Gerade dann, wenn einem die Krebserkrankung zusetzt, wird einem erst bewusst, dass alles nicht selbstverständlich ist und dass neben dem Ehrgeiz, dem Willen und dem kämpferischen Einsatz eben auch Fitness und Gesundheit in meinem Beruf unabdingbar ist.

Ich habe mich um das Amt des Bürgermeisters deshalb beworben und um dieses Amt gekämpft, weil ich auch immer der festen Überzeugung war, dass ich für die Gemeinde und ihre Menschen viel erreichen, die Gemeinde nach vorne bringen kann. Nun aber, mit meiner Erkrankung kommen da natürlich Selbstzweifel. Bin ich noch der Motor der Gemeinde? Bin ich noch der richtige Mann an dieser Stelle oder werde ich zum Bremsklotz, zur Belastung?

Ein Bürgermeister lebt nicht von Erreichtem, sondern von Visionen

Längst ist mir klar, dass man sich in einer politischen Funktion, die man auch als Bürgermeister hat, nicht auf Erreichtem ausruhen kann, die eigene Position und Stellung nicht sichert und festigt durch das, was man in der Vergangenheit getan und bewirkt hat. Als jemand, der führt und damit auch als Bürgermeister, lebt man von dem, was vor einem liegt, dass man noch in der Lage ist, Menschen einer Gemeinde mitzunehmen, zu begeistern, man lebt von dem, was man noch an Zielen und Visionen formulieren und glaubwürdig rüberbringen kann.

Erkrankung ängstigt mich

Ich begegne täglich vielen Menschen. Ich versuche auch, bei diesen Begegnungen immer der selbstbewusste, starke Mensch zu sein, der nicht nur seine Aufgabe im Griff hat, sondern auch seine Erkrankung. Ich versuche, täglich positiv mit meiner Erkrankung umzugehen. Wichtig ist vor allem aber, aktiv damit umzugehen. Längst ist erwiesen, dass an Krebs erkrankte Menschen, die aktiv bleiben und eine positive Einstellung haben, bessere Gesundungschancen haben als solche, die sich zurückziehen und mit ihrem Schicksal hadern. Aber deshalb mache ich es nicht. Ich mache es, weil es meinem Naturell entspricht, an Schwierigkeiten und Aufgaben offensiv, positiv und manchmal auch radikal heranzugehen. Das bedeutet aber nicht, dass man nicht manchmal zweifelt oder auch verzweifelt ist. Angst vor der Krankheit, Angst vor Schmerzen, vor Siechtum, vor körperlichen Einschränkungen, vor sozialer Isolation und vor der eigenen Zukunft. Aber ich bin überzeugt, dass mich weder die Angst noch der Krebs besiegen wird, sondern dass sich auch dieses Mal meine Kämpfernatur durchsetzen wird. Ich bin trotzdem froh und dankbar über Eure Unterstützung, Eure Aufmunterung und Eure Anteilnahme. Vielleicht gibt es auch für manche die Gelegenheit, mich in Eure Gebete aufzunehmen.

Herzliche Grüße

Euer Bürgermeister

Redaktionssitzung „Waginger Seeblattl", 2006

52

Waginger Seeblattl 39 September 2006

Liebe Waginger Bürgerinnen und Bürger!

[...]

Gesundheit ist nicht planbar

Wenn Sie dieses Seeblattl in der Hand halten und lesen, immerhin schon die 39. Ausgabe seit der Ersterscheinung vor zehn Jahren, werde ich erneut in München im Krankenhaus rechts der Isar sein. Diesmal für einen Zeitraum von fünf bis sechs Wochen und möglicherweise anschließend auch eine längere Zeit, in der ich nicht in die Öffentlichkeit gehen kann. Die bereits im letzten Seeblattl angesprochene Fremdstammzellentransplantation wird nun bei mir durchgeführt mit allen bereits beschriebenen Chancen, aber auch Risiken. Ich hoffe natürlich, mit möglichst wenig Komplikationen durch die Therapie zu kommen und immer auch ein bisschen mitmischen zu können in der Gemeindearbeit. Vieles werde ich nicht selbst machen können, aber bei manchem möchte ich mitreden. Ich weiß die Gemeinde in guten Händen und trotzdem bin ich beunruhigt. Ich denke aber, diese Beunruhigung kommt mehr von der Angst vor der bevorstehenden Therapie und nicht von der Angst um die Gemeinde. Ich hoffe, Euch alle spätestens Weihnachten und zum Neuen Jahr wieder gesund zu sehen.

Herzliche Grüße

Euer Bürgermeister

53

Waginger Seeblattl 40 **Dezember 2006**

[...]

Ich bin auf dem Weg der Besserung

Wenn Sie diese Zeilen lesen, habe ich hoffentlich schon wieder meine Tätigkeit im Rathaus aufgenommen. Jetzt habe ich immerhin schon wieder so viel Energie und Kraft, das Waginger Seeblattl zu schreiben. Die Therapie hat gut angeschlagen. Es war sicherlich nicht leicht, aber die Ärzte sind sehr zufrieden. Die neuen Stammzellen arbeiten. Jetzt geht es darum, dass die Stammzellen einerseits eine erneute Krebsentwicklung verhindern und dass es andererseits zu keinen Abstoßungsreaktionen kommt.

Ich danke allen, die mir in den letzten Wochen und Monaten und es waren sehr viele, Genesung wünschten. Egal ob schriftlich oder in mündlicher Form. Herzlichen Dank für diese vielen, vielen Beweise Ihrer Verbundenheit. Ich weiß, dass mich darüber hinaus viele in ihre Gedanken und Gebete mit eingeschlossen haben. Auch hierfür herzlichen Dank. Ich kann nur allen Bürgerinnen und Bürgern wünschen, dass sie vor schlimmen Krankheiten bewahrt bleiben und wünsche Ihnen deshalb bereits jetzt gesegnete Weihnachten und ein gutes neues Jahr.

Herzliche Grüße

Euer Bürgermeister

54

Waginger Seeblattl 43 Dezember 2007

Abschied

Liebe Waginger Bürgerinnen und Bürger,

Auch wenn ich noch einige Monate im Amt sein werde, so überkommt mich doch schon manchmal Wehmut bei dem Gedanken, meine schöne Aufgabe als Bürgermeister zum 1. Mai 2008 an meinen Nachfolger abzugeben. Natürlich ist es jetzt noch zu früh, um zurückzublicken oder schon danke zu sagen für das, was ich in den zwölf Jahren als Bürgermeister erleben durfte. Aber die grauen Spätherbsttage sind sicherlich dazu geeignet, mit ein bisschen Wehmut zurückzublicken auf das, was in den zwölf Jahren Amtszeit so alles passiert ist. Rückblickend ist es immer so, dass zum Glück die schönen und angenehmen Erfahrungen in Erinnerung bleiben, während negative Erfahrungen schnell verblassen. Zumindest ist das bei mir so. Es gibt nicht viel an negativen Erfahrungen, die ich in meiner Amtszeit als Waginger Bürgermeister gemacht habe. Ich glaube sogar sagen zu können, dass es mir immer leicht gemacht wurde von allen, mit denen ich zu tun habe. Vor allen Dingen von Euch, den Wagingerinnen und Wagingern. Ich spürte immer eine allgemeine Zustimmung und ein Vertrauen, dass ich es als Bürgermeister grundsätzlich richtig gemacht und im Sinne der Bürgerinnen und Bürger gehandelt habe. Mir ist bewusst, dass mir das nicht immer gelungen ist, aber ich hoffe doch, dass mein Bemühen und mein Anstrengen darum auch bei Euch angekommen ist.

Entscheidung ist mir nicht leicht gefallen

Natürlich hatte ich in den letzten Jahren viele Probleme, aber weniger durch mein Amt beziehungsweise meinen Beruf, sondern gesundheitlicher Natur. Das ist Euch längst bekannt und braucht hier nicht mehr breitgetreten werden. Aber meine Erkrankung war doch ein wichtiger Grund, nachzudenken und zu überlegen, was ich mir in Zukunft noch zumuten kann und zumuten darf. Bauernhof, Bürgermeister und Landesvorsitzender meiner Partei war zu viel und wäre in Zukunft erst recht zu viel. Deshalb musste ich mich entscheiden. Meine Entscheidung, nicht mehr als Bürgermeister zu kandidieren, war ganz sicher keine Entscheidung gegen Waging. Es ist mir nicht leicht gefallen, mich zu verabschieden und die Möglichkeiten, die man als Bürgermeister von Waging am See hat, in Zukunft nicht mehr wahrnehmen zu können. Ich bin jemand, der gerne mit Menschen zu tun hat und dem es auch leicht fällt, auf Menschen zuzugehen. Dazu kommt, dass es sich in Waging ganz besonders lohnt, sich kommunalpolitisch zu engagieren, da Gemeinde und Menschen aufgeschlossen und offen sind für Neues.

Neue Herausforderungen

Mich hat einmal ein Sprichwort von Gandhi sehr fasziniert. Das lautete „Wenn Du etwas ein Jahr gemacht hast, betrachte es wohlwollend, hast Du etwas fünf Jahre gemacht, betrachte es kritisch, hast Du etwas zehn Jahre gemacht, mache es anders." Ja, nach zwölf Jahren als Bürgermeister muss man schon, wenn man gegenüber sich selbst kritisch ist, feststellen, dass manches einschleift, manches zur Routine wird und manchmal auch das Feuer und der Ehrgeiz fehlt, neue Dinge auszuprobieren, sich mit voller Begeisterung und mit Elan in neue Aufgaben hineinzuwerfen.

Um nicht falsch verstanden zu werden: Ich bin mir sicher, dass ich auch in Zukunft für Waging einiges erreichen und bewegen könnte. Aber ich bin mir sicher, dass auch mein Nachfolger dies genauso schaffen und umsetzen kann.

Ich wollte noch einmal etwas Neues machen und mich einer neuen Herausforderung stellen. Noch bin ich jung genug dafür, auch wenn meine Erkrankung, die ja nicht geheilt ist, ein gewisses Risiko darstellt. Aber vielleicht wollte ich dieses Risiko auch ganz bewusst eingehen, auch um meiner Umwelt klar zu signalisieren, ich habe noch viel zu tun, ich möchte noch einiges erreichen und habe nicht vor, mich klein kriegen zu lassen. Ich gehe davon aus, dass mir diese Einstellung hilft, damit die Erkrankung nicht so schnell wieder ausbricht.

Selbstverständlich bin und bleibe ich ein Waginger und werde auch in Zukunft versuchen, mich in und für Waging zu engagieren. Und vielleicht besteht ja auch die Möglichkeit, in meiner neuen politischen Funktion das eine oder andere Positive für die Menschen in Waging und für die Gemeinde zu erreichen. In diesem Sinne wünsche ich Euch allen frohe Weihnachten und ein gutes neues Jahr.

Euer Bürgermeister
Sepp Daxenberger

Nirnharting

55

Waginger Seeblattl 44 April 2008

Danke für zwölf gute Jahre

Liebe Waginger Bürgerinnen und Bürger,

Nachdem ich bereits das letzte Seeblattl, das zur Weihnachtszeit erschienen ist, dazu genutzt habe, meine Beweggründe zu schildern, warum ich nach zwölf Jahren Bürgermeister mich nicht mehr zur Wahl gestellt habe, bleibt heute noch die Gelegenheit, mich bei Euch zu bedanken für die letzten zwölf Jahre und zurückzuschauen auf das, was in dieser Zeit in Waging passiert ist.

Nur noch wenige Wochen bin ich Bürgermeister. Dann werde ich das Rathaus räumen und meinem Nachfolger Herbert Häusl Platz machen. Ich möchte auf diesem Weg auch noch einmal Herbert Häusl recht herzlich zu seiner überzeugenden Wahl zum Bürgermeister von Waging gratulieren.

Gleichzeitig ist auch Herbert Häusl mein erster Adressat für meine Dankesworte. Herbert war die zwölf Jahre, in denen ich 1. Bürgermeister war, immer mein 2. Bürgermeister. Wir haben viele Dinge gemeinsam besprochen, abgestimmt und beschlossen. Gerade während meiner langen Krankheitsphase hat er die Amtsgeschäfte so weitergeführt, wie es die Verwaltung, die Bürger und die Mitarbeiter gewohnt waren, so als wäre nichts passiert. Dafür herzlichen Dank.

Genauso bedanken möchte ich mich natürlich bei allen Gemeinderäten, die in den letzten zwölf Jahren stets verantwortlich abgestimmt und fast alle wichtigen Entscheidungen einstimmig beschlossen haben. Hier möchte ich die beiden 3. Bürgermeister Josef Berreiter und Martin Huber besonders herausheben, die ebenfalls stets loyal an meiner Seite gestanden sind und im Interesse der Marktgemeinde gehandelt haben. Nicht vergessen möchte ich natürlich alle meine Mitarbeiterinnen und Mitarbeiter, die mich von Anfang an unterstützt haben. Da ich selbst nie Verwaltung gelernt habe, war ich angewiesen auf Mitarbeiterinnen und Mitarbeiter, die meine Ideen und Vorstellungen im Rathaus umsetzten. Genau dasselbe gilt natürlich für alle anderen Mitarbeiter, ob Bauhof, Kläranlage, Tourist-Info, Museum oder Alten- und Pflegeheim.

Nicht zuletzt gilt mein Dank aber ganz besonders allen Wagingerinnen und Wagingern, die in diesen zwölf Jahren hinter mir gestanden sind und mir stets das Gefühl gegeben haben, dass ich wohlgelitten bin. Euer Vertrauen und Euere Aufgeschlossenheit auch Neuem gegenüber hat es mir leicht gemacht, in Waging mit Unterstützung vieler etwas zu bewegen und voranzubringen.

Bilanz

Es würde sicher den Rahmen dieser Zeitung sprengen, in einem Rückblick aufzulisten, was in zwölf Jahren in Waging alles geschehen ist und während meiner Bürgermeisterzeit erneuert wurde. Deshalb möchte ich es bei vier Überschriften belassen, die ich auch schon bei den Bürgerversammlungen dargestellt habe:

1. Demokratische Gemeinde
2. Ökologische Gemeinde
3. Soziale Gemeinde
4. Wirtschaftlich stabile Gemeinde

Eine Gemeinde ist auf Dauer nur so gut, wie die Menschen sich aktiv im Gemeindeleben einbringen. Deshalb ist es wichtig, engagierte Bürgerinnen und Bürger zu haben. All das, was ehrenamtlich in einer Gemeinde geleistet wird, ist unbezahlbar und würde, müsste man es bezahlen, jeden finanziellen Rahmen sprengen. Wenn man aber will, dass die Menschen sich engagieren und sich einbringen, müssen die Menschen auch die Möglichkeit haben, mitzubestimmen und mitzuentscheiden. Vor jeder Entscheidung steht die Information. Deshalb war es mir stets ein wichtiges Anliegen, die Menschen frühzeitig und umfassend über das zu informieren, was geplant ist und wohin die Richtung geht.

Die Verantwortung, die wir für die nachfolgenden Generationen haben, wird immer deutlicher. Wir müssen mehr und mehr danach fragen, ob unsere Entscheidung auch für diejenigen gut sind, die nach uns kommen. Das Prinzip der Nachhaltigkeit bedeutet, auch Rücksicht zu nehmen auf unsere Schöpfung, auf unsere Natur und auf unsere Lebensgrundlagen. Deshalb haben wir den Bereich der Energieversorgung, der Gewässerreinhaltung, des Trinkwasserschutzes, des sparsamen Flächenverbrauches und den schonenden Umgang mit den Ressourcen immer in den Mittelpunkt der Entscheidungen gestellt.

Das Wichtigste ist der Mensch

Jeder Mensch hat eine Chance verdient, das gilt ganz besonders für unsere jungen Menschen. Leider ist es in unserem Staat zunehmend so, dass ein Teil der jungen Menschen schon sehr früh mitbekommt, dass sie keine oder wenig Chancen haben. Deshalb ist es auch unsere Aufgabe, in der Gemeinde dafür zu sorgen, dass junge Menschen gute Startbedingungen ins Leben bekommen und dass wir möglichst keine Kinder und Jugendliche auf dem Weg zum Erwachsenwerden verlieren. Deshalb haben wir im Bereich der Jugendarbeit durch den Ausbau unserer Hauptschule mit Mittagsbetreuung und offener Ganztagsschule Akzente gesetzt. Ebenso mussten wir darauf reagieren, dass die Gesellschaft auch in Waging älter wird und die Anzahl der Kranken und Pflegebedürftigen steigen wird. Die Sicherung und der Erhalt des eigenen Alten- und Pflegeheimes und dessen Ausbau war ein wichtiger Schritt in der Gemeinde Waging am See.

Wenn man im ökologischen und im sozialen Bereich Positives bewirken will, muss man natürlich auch darauf achten, dass die Gemeinde finanziell gut dasteht. Deshalb haben wir immer auch darauf geachtet, dass Arbeitsplätze vorhanden sind und die Wirtschaft sich in Waging wohlfühlt. Ortskernsanierung, Gewerbegebietausweisung, gute Infrastruktur, Ausweisung von Bauland für Einheimische und wo immer möglich Vergabe von Aufträgen an örtliche Firmen sind einige Punkte, die hier zu nennen sind.

Ich werde mich nun neuen Aufgaben widmen, und natürlich immer wenn nötig für Waging da sein. Mir bleibt nur der Wunsch übrig, dass sich Waging auch die nächsten Jahre gut entwickeln wird und die Bitte an Euch alle, meinen Nachfolger ebenso wie mich zu unterstützen.

Herzliche Grüße
Euer Bürgermeister

Gerhard Polt und die Biermösl-Blosn in Waging

Mit Hubert Weiger, Vorsitzender des Bund Naturschutz in Bayern, bei einer Podiumsdiskussion.

Mit Margarete Bause am Abend der Landtagswahl, 28. September 2008.

Von November 2002 bis Oktober 2008 war Sepp Daxenberger Landesvorsitzender der Bayerischen Grünen – zuerst an der Seite von Margarete Bause (bis 2003), anschließend gemeinsam mit Theresa Schopper (bis 2008). Nach seiner Rückkehr in den Landtag 2008 trat er vom Landesvorsitz zurück und wurde zusammen mit Margarete Bause Fraktionsvorsitzender.

Mit Theresa Schopper auf dem Parteitag am 6. Juli 2008.

70. Tagung
Naturheilkun

Kapitel 4

„Bäume kann ich jetzt keine mehr ausreißen"

Die letzten Jahre bis 2010

RIEDENBURGER
DIE GENUSS-
WEISSE
UM ÖKOLOGIE
AUNSTEIN e.V.

BÜNDNIS 90
DIE GRÜNEN
HOFFEST
Sepp Daxenberger
Nirnharting/Waging
Am Sa., den 2. August
14.00 – 22.00 Uhr
Essen und Trinken
Kinderprogramm
Bulldog-Oldtimer
Infostände
Hofführungen
Politik
Bei jedem Wetter (Zelt)

Sommer 2008

4 Im Juni 2008 nominierten die Grünen Sepp Daxenberger als alleinigen Spitzenkandidaten bei den bayerischen Landtagswahlen im September. Nach einem hervorragenden persönlichen Wahlergebnis – er konnte insgesamt über 136 000 Stimmen auf sich vereinigen – zog er wieder in den Bayerischen Landtag ein und wurde an der Seite von Margarete Bause Fraktionsvorsitzender. Vom Amt des Landesvorsitzenden trat er der Parteisatzung gemäß zurück.

Seine erste Rede im Parlament als Fraktionschef hielt er anlässlich der Wahl und Vereidigung des Ministerpräsidenten Horst Seehofer, den er bei dieser Gelegenheit „Master of Desaster" nannte – damit war der Verlust der absoluten Mehrheit für die CSU gemeint – , und dem er einen Geschenkkorb überreichte, in dem sich unter anderem „Mais aus der gentechnikfreien Zone rund um den Waginger See" befand. Sein Thema blieb die Landwirtschaftspolitik (Text 56).

Für die „Südostbayerische Rundschau" verfasste er eine Folge von „Landtagsgeschichten", in denen er von seiner persönlichen Warte aus das Dasein als Landtags-Abgeordneter beschrieb, die Arbeitsweise einer Fraktion und parlamentarische Gepflogenheiten erklärte – etwa, wozu eine Fraktionsklausur gut ist oder was Informationswochen sind – und flocht bei Gelegenheit kritische Bemerkungen über die Reiselust mancher Abgeordneter ein (Text 57). Er beklagte, dass die Pendelei zwischen Waging und München ihm lästig falle und freute sich andererseits über das Ergebnis einer aktuellen Umfrage, die ihn Anfang 2009 auf Platz 4 in der Beliebtheitsskala der bayerischen Landespolitiker verortete. Eine Geschichte, sie stammt vom Mai 2009, thematisierte anlässlich eines Gala-Abends der Aktion Knochenmarkspende Bayern das Beispiel einer gelungenen interfraktionellen Zusammenarbeit (Text 58).

Herbstfest Steinbrünning, Saaldorf-Surheim, 2009

Ein Jahr lang konnte er seine Aufgabe im Landtag relativ konstant wahrnehmen, nahm Einladungen an, reiste kreuz und quer durchs ganze Land, um Redner-Auftritte zu absolvieren, auch wenn er unübersehbar von seiner Krankheit gezeichnet war. Gehen konnte er nur langsam, das Treppensteigen fiel schwer, die Knochen waren brüchig. Doch seinen Humor verlor er zunächst nicht. „Bäume kann ich jetzt keine mehr ausreißen", sagte er öf-

ters, um dann hinzuzufügen: „Aber das macht man als Grüner eh nicht…"

Im Herbst 2009 verschlechterten sich seine Blutwerte erneut. Die Ärzte entschlossen sich, eine neuartige Stammzellentherapie anzuwenden, bei der Blutplasma eines Spenders übertragen wurde. Begleitend hinzu kam eine Chemotherapie. Sein Körper zeigte heftigste Reaktionen, die ihm wochenlang zusetzten, die aber zugleich auch als hoffnungsvolles Zeichen dafür gelten konnten, dass die Krebszellen bekämpft wurden. Im Zuge der Behandlung verlor er 20 Kilo Körpergewicht. Auch im Februar 2010 lag er wieder einige Wochen im Krankenhaus, wurde dort vorübergehend künstlich ernährt.

So konnte er auch nicht dem „Politiker-Derblecken" auf dem Nockherberg beiwohnen, wo Michael Lerchenberg als Bruder Barnabas in seiner Fastenpredigt fragte: „Wer wird neuer bayerischer Ministerpräsident?" und als Antwort eine Reihe möglicher Kandidaten nannte, die er alle wieder verwarf, bevor er zu der Schlussfolgerung kam: „Oanen tat's ja gebn, aber der ist leider net da und ist krank. Liebe Starkbiergemeinde, heben Sie die Krüge und trinken wir auf das Wohl und die Gesundheit unseres womöglich zukünftigen bayerischen Ministerpräsidenten, Herrn Daxenberger-Sepp… Prost und gute Besserung!"

Im Frühling 2010 schien es allmählich wieder aufwärts zu gehen. Er begann wieder Zukunftspläne zu schmieden. Doch dann folgte ein neuerlicher Schlag. Wie jetzt öffentlich bekannt wurde, war auch seine Frau Gertraud an Krebs erkrankt. Nach Operation und Chemotherapie im Januar 2009 hatte zunächst Hoffnung bestanden, dass sie geheilt sein könnte. Doch nun war der Krebs zurückgekehrt. Dies belastete ihn noch mehr als seine eigene Krankheit. Sichtlich angeschlagen nahm Sepp Daxenberger Ende April in Traunstein an einer Demonstration gegen die von der Bundesregierung beschlossene

Laufzeitverlängerung von Atomkraftwerken teil und trat als Redner auf der Abschlusskundgebung auf. Schon die 700 Meter Fußweg vom Bahnhofsplatz zum Stadtplatz fielen ihm unendlich schwer.

Bald zeigte sich, dass auch die neue Stammzellentherapie keinen dauerhaften Erfolg erbracht hatte. In dieser Situation, um sich ganz der Familie zu widmen, entschloss er sich, vom Fraktionsvorsitz zurückzutreten. Das geschah offiziell am 9. Juni 2010. Am Tag zuvor hatte Sepp Daxenberger sich mit einem persönlichen Schreiben an seine Fraktion gewandt (Text 59). Einen Tag später, am 10. Juni, nahm er noch einmal an der Plenarsitzung teil. Als er ans Mikrofon trat, setzte, noch bevor er das erste Wort sagen konnte, langer, herzlicher Applaus ein; nicht nur von seiner eigenen Fraktion, sondern von allen Anwesenden. Es sollte sein letzter Auftritt im Parlament sein (Text 60).

Am 11. Juni fand in Traunstein eine Lesung mit Wilhelm Schlötterer statt (Autor des Buches „Macht und Missbrauch"), zu der Sepp Daxenberger eingeladen hatte (Bild oben). Für den 20. Juni hatte er einen Bierzelt-Auftritt in Kienberg (Landkreis Traunstein) zugesagt, wo die örtliche Schützengesellschaft ihr 125-jähriges Bestehen feierte. Er genoss es, am Festumzug teilzunehmen und bei strömendem Regen in der Kutsche sitzen zu können. Sein gesundheitlicher Zustand war jedoch so schlecht, dass er die acht Stufen hinauf zum Rednerpult im Bierzelt nicht mehr schaffte. Die 2500 Gästen mussten auf seine Rede verzichten. Aber alle rechneten es Sepp Daxenberger hoch an, dass er als einziger politischer Vertreter der Einladung gefolgt war (Bild Mitte mit Kienbergs Bürgermeister Hans Urbauer).

Zwei Tage später, am späten Nachmittag des 22. Juni, erlitt Sepp Daxenberger in seinem Landtagsbüro einen leichten Schlaganfall. Er wurde auf die Intensivstation des Krankenhauses Harlaching eingeliefert. Der Schlaganfall selbst hinterließ keine bleibenden Schäden – noch im Krankenhaus kündigte er an, in den kommenden Tagen einen Bierzelt-Auftritt wahrnehmen zu wollen, weil er eine einmal gemachte Zusage auch einhalten wollte. Doch dazu kam es nicht. Infolge seines geschwächten Immunsystems hochanfällig, zog er sich bei diesem Klinik-Aufenthalt einen Krankenhaus-Keim zu, der ihm zum Verhängnis wurde.

Der letzte öffentliche Auftritt fand Anfang Juli statt, im heimischen Rupertiwinkel. In Laufen (Landkreis Berchtesgadener Land) half er mit, eine Bürgerinitiative gegen das Verkehrsprojekt Salzachbrücke bei Triebenbach zu gründen. Unsere Landschaft dürfe nicht dem Straßen- und Brückenbau geopfert werden, um die Salzburger Verkehrsprobleme auf der anderen Seite des Flusses zu lösen, sagte er und rief dazu auf, mehr „Sensibilität für die Heimat zu entwickeln" (Bild unten, mit Ulrich Kühn, Michael Behringer, Franz Eder, Sepp Frech und Ilse Englmaier).

Es gelang nicht, den Keim in den Griff zu bekommen. Eine schwere Blutvergiftung war die Folge. Immer wieder musste er sich ins Kranken-

haus begeben. Als ihn im Klinikum Rechts der Isar die Nachricht traf, dass es mit seiner Frau Gertraud zu Ende gehe, ließ er sich von München ins Krankenhaus Traunstein verlegen, um sich von ihr verabschieden zu können.

Am 15. August starb Gertraud Daxenberger.

Die Beerdigung war für drei Tage später, den 18. August anberaumt. Ungeachtet seines angegriffenen Zustandes äußerte Sepp Daxenberger den unbedingten Wunsch, dabei zu sein. Doch nahm der Tod von Gertraud ihm letztlich die Kraft, noch weiter um sein eigenes Leben zu kämpfen. Die Mutter war bei ihm, als sein Leben in den frühen Morgenstunden des 18. August 2010 endete.

Sepp Daxenbergers Tod und das Schicksal seiner Familie – das Paar ließ drei Waisen im Alter von 13, 17 und 20 Jahren zurück – löste eine Woge der Anteilnahme im ganzen Land aus. Zur Trauerfeier in Waging am 21. August kamen über 1000 Menschen. In den Trauerreden und in den Einträgen der Kondolenzbücher, die an mehreren Stellen in München und Waging sowie im Internet auslagen, dokumentiert sich die große Wertschätzung, die Sepp Daxenberger zuteil wurde (Texte 61 – 64).

56

Rede des Fraktionschefs Sepp Daxenberger im Landtag anlässlich der Wahl und Vereidigung von Horst Seehofer zum Ministerpräsidenten

27. Oktober 2008

Sehr geehrte Frau Präsidentin, liebe Kolleginnen und Kollegen, sehr verehrte Damen und Herren!

Horst Seehofer soll es nun werden. Der neue Master of Desaster einer neuen – in Bayern bislang unbekannten – Regierungsform und Farbkombination, nämlich Schwarz mit gelben Punkten. Diese Farbkombination gilt gemeinhin in der Natur und in der Chemie als Symbol für Gefahr, für giftig und für gefährlich.

(Beifall bei den GRÜNEN)

Wir werden sehen, für wen diese Farbkombination in den nächsten Jahren gefährlich wird.

(Martin Zeil (FDP): Weniger gefährlich als Schwarz-Grün!)

– Herr Kollege Zeil, die Wahl vor vier Wochen hat vieles möglich gemacht. Der Landtag ist bunter und vielfältiger und die CSU ist kleiner geworden. Eines hat die Wahl aber offensichtlich nicht bewirkt, nämlich, dass die CSU dazugelernt hätte. Die CSU spielt ihr Spielchen weiter, für das sie am 28. September abgestraft wurde.

(Beifall bei den GRÜNEN und bei der SPD)

Die Posten werden in Mauschelrunden bzw. in Telefonketten gesetzt und vergeben.

(Martin Zeil (FDP): Wie bei den GRÜNEN!)

Der CSU ist es offensichtlich gleichgültig, dass den Bürgerinnen und Bürgern heute ein Ministerpräsident vor die Nase gesetzt werden soll, der gar nicht zur Wahl stand und sich bisher auch nicht – zumindest nicht für mich erkennbar – um die Landespolitik gekümmert hat. Die Landtagsfraktion stand diesem Ministerpräsidenten, zumindest bis vor Kurzem, noch mit tiefer Abneigung gegenüber. Franz Maget hat hierzu schon eine ganze Reihe von Zitaten gebracht.

Verehrte Kolleginnen und Kollegen von der CSU, vor der Landtagswahl war Horst Seehofer für Sie eine Persona non grata. Damals wurden die Knoblauchzehen an das Maximilianeum gehängt, wenn Horst Seehofer auch nur in der Nähe von München war.

(Beifall bei den GRÜNEN und bei der SPD)

Damals war Ihnen kein Skandal zu billig, um ihn gegen Horst Seehofer in Stellung zu bringen. Jetzt wollen Sie Horst Seehofer tatsächlich zum Ministerpräsidenten wählen? Wir sind verwundert. Wir können es kaum glauben. Was hat sich denn an Horst Seehofer seit dem 28. September geändert? Horst Seehofer hat selbst in einem Interview mit dem „Münchner Merkur" am 16.10. gesagt – ich zitiere: „Ich bleibe so, wie ich bin."

(Heiterkeit bei den GRÜNEN und bei der SPD)

Natürlich hat sich die Fraktion verändert. Sie ist kleiner geworden, und sie ähnelt etwas – das war zumindest in den zwei Sitzungen, die ich erlebt habe, so – den Bewohnern eines Hühnerstalls, die wissen, dass außen der Fuchs herumschleicht.

(Zurufe von der CSU: Ha, ha!)

Ich brauche mir zu Horst Seehofer selbst gar nichts einfallen zu lassen; es reicht völlig, CSU-Mitglieder zu zitieren. Keine Angst, ich werde keine Namen nennen; denn ich will nicht dem einen oder anderen die Karrierechancen verbauen, wobei noch vor einem Jahr gemutmaßt wurde, dass Horst Seehofer gegen jeden etwas hätte. Er wurde als Egoist und Einzelgänger bezeichnet, als es hieß: Horst, die Ich-AG, Seehofer könnte heute das Gegenteil von dem sagen, was er morgen denkt. Sein Spitzname, auch unter Parteifreunden in Berlin, ist „Bundeseierminister". Seehofer wäre gut beraten – dieses Zitat hat auch Franz Maget schon gebracht –, alle CSU-Ämter niederzulegen. Bis vor Kurzem galt Horst Seehofer als wankelmütig, als Spalter, und heute soll ihn der Landtag tatsächlich zum Ministerpräsidenten wählen? Da werden wohl manche beim Ausfüllen des Stimmzettels die Zähne zusammenbeißen, die Faust in der Tasche ballen oder gar, wie bei einem nicht ganz ernst gemeinten Schwur die Finger hinter dem Rücken kreuzen. Interessieren würde mich wirklich das Abstimmungsverhalten von Erwin Huber, dem nachgesagt wurde, dass er sogar auf dem Sterbebett noch die Hand heben würde, um Horst Seehofer zu verhindern.

(Widerspruch bei der CSU – Zurufe von der CSU - Renate Dodell (CSU): Das ist unter aller Kanone!)

Ich zitiere hier lediglich aus Zeitungen. Gestern war Horst Seehofer noch der Aussätzige, heute soll er der Heilsbringer sein. Was so eine verlorene Landtagswahl doch alles bewirken kann, sogar die Heilung von Aussätzigen!

(Heiterkeit bei den GRÜNEN und bei Abgeordneten der SPD)

All die Kritik an Horst Seehofer, die ich hier vorgetragen habe und die aus seinen eigenen Reihen kommt, ist aber für uns noch nicht Grund genug, um heute Horst Seehofer nicht zum Ministerpräsidenten zu wählen. Für uns steht fest, dass Horst Seehofer für Bayern kein politischer Neuanfang ist, wie wir ihn dringend bräuchten.

(Beifall bei den GRÜNEN)

Horst Seehofer ist das letzte Aufgebot der CSU. Hier stehe ich, ich kann auch anders – so hat vor Kurzem eine Zeitung Horst Seehofers Grundhaltung skizziert. Nein, Bayern braucht eine klare Ansage und kein Wetterfähnchen als Ministerpräsidenten.

(Beifall bei den GRÜNEN und bei Abgeordneten der SPD und der Freien Wähler)

Bayern braucht keinen Ministerpräsidenten, der morgens aus dem Haus geht, den Finger in den Wind hält, schaut, woher der Wind weht und danach seine Politik ausrichtet. Damit kann man keine verlässliche Politik für die Menschen in Bayern machen. Es kann nicht funktionieren, wenn man Politik für Bayern mit der Kunst des Ungefähren erfolgreich gestalten will, heute so und morgen so. Die Meinung wie Unterwäsche zu wechseln, geht auch nur begrenzte Zeit. Wir GRÜNEN sagen heute schon in aller Deutlichkeit, dass wir es nicht durchgehen lassen, wenn Sie heute so reden und morgen anders handeln. Hierzu werden wir im Parlament eine klare Sprache finden.

(Beifall bei den GRÜNEN und bei Abgeordneten der SPD)

Wir und auch viele Menschen draußen im Lande haben Horst Seehofer bisher so erlebt. Ich nenne dazu einige Beispiele, zunächst das Stichwort Gentechnik. Als Agrarminister hat Horst Seehofer die Gentechnik auf den Äckern gefördert. Als CSU-Mann und als Bayern-Wahlkämpfer stellt er sie infrage. Die Agro-Gentechnik ist eine Technik, die wir weder in Bayern noch in Deutschland noch in Europa brauchen. Dazu brauchen wir eine klare Ansage, und hier werden wir Horst Seehofer in den nächsten Tagen und Wochen stellen.

(Beifall bei den GRÜNEN)

In der Gentechnik gibt es kein Sowohl-als-auch. Es kann nur eine Antwort geben, und die lautet: Nein zur Agro-Gentechnik in Bayern, in Deutschland und in Europa.

(Beifall bei den GRÜNEN und bei Abgeordneten der SPD)

Meine sehr verehrten Damen und Herren, nehmen wir als weiteres Beispiel das Thema Milch. Als die Milchbauern Ende Mai aus lauter Verzweiflung über die schlechten Milchpreise zehn Tage lang einen Milchlieferstopp durchführten, war Horst Seehofer einer der ersten CSU-Politiker, der an keiner Kuh vorbeigehen konnte, ohne sich damit fotografieren zu lassen.

(Heiterkeit bei den GRÜNEN)

Er war einer der Ersten, der den Milchbauern versprach, sich für sie einzusetzen. Das war gut, und das wurde von Vielen auch positiv gesehen. Seehofer berief sogar im Juli einen Milchgipfel ein. Damals versprach Seehofer dem Bundesverband Deutscher Milchviehhalter, sich für dessen Ziele einzusetzen. Er versprach es nicht nur, sondern sagte auch, dass er davon ausgehe, dass der Bundesrat diesen Zielen zustimme. Seehofer sagte aber nicht, dass er bereits im Juni, kurz nach dem Milchstreik, in der Ukraine war, um dort die Ehrendoktorwürde in Empfang zu nehmen. Dort sprach er sich in seiner Dankesrede dafür aus, die Milchlieferungen der Ukraine nach Deutschland auszudehnen. Das ist genau das, was die Milchbauern und Milchbäuerinnen in Bayern brauchen. Beim Milchgipfel schien alles klar zu sein. Die Bauernvertreter waren zufrieden. Die Entscheidung sollte aber – natürlich sehr geschickt – nach der Landtagswahl fallen. Letzte Woche tagte der Agrarrat, und alle Positionen des BDM, des Bundesverbandes Deutscher Milchviehhalter, wurden abgelehnt, obwohl Horst Seehofer den Bäuerinnen und Bauern etwas ganz anderes versprochen hatte.

Sehr geehrter Horst Seehofer, was haben Sie getan, um das Versprechen, das Sie den Milchbäuerinnen und Milchbauern gegeben haben, einzulösen? Wir erwarten jetzt wenigstens, dass Sie im Bundesrat für Bayerns Milchbäuerinnen und Milchbauern kämpfen und sich dafür einsetzen, dass die Vorschläge des BDM tatsächlich umgesetzt werden.

(Beifall bei den GRÜNEN und bei Abgeordneten der Freien Wähler)

Ich komme nun zum Stichwort Nichtraucherschutz. Wir GRÜNEN vertreten die eindeutige Position, dass der Schutz der Nichtraucher Vorrang haben muss. Ich habe durchaus Respekt vor jemandem, der eine andere Meinung hat und diese auch vertritt. Kein Verständnis aber habe ich für das ewige Herumlavieren gerade auch eines Herrn Seehofer. Als Bundesgesundheitsminister hat er 1998 ein Nichtraucherschutzgesetz eindeutig und klar abgelehnt. 2006 schließlich hat er im Bundestag eine flammende Rede gehalten, aus der ich Folgendes zitiere: „Die Freiheit des Rauchens endet dort, wo der Schutz des Nichtrauchens beginnt." Als Konsequenz forderte Horst Seehofer in dieser Rede eine klare Regelung, nämlich ein eindeutiges Rauchverbot in Gaststätten. Jetzt springt Horst Seehofer wieder, übrigens liebe Kolleginnen und Kollegen von der FDP, ganz ohne Zutun der FDP. Lange vor den Koalitionsgesprächen, gleich zwei Tage nach der Wahl, hat Horst Seehofer gesagt: Jetzt müssen wir am Nichtraucherschutzgesetz etwas ändern; denn Horst Seehofer glaubte, wie offensichtlich auch einige andere hier im Raum, dass das Nichtraucherschutzgesetz die Ursache für das Wahldesaster gewesen ist. Das ist, gelinde gesagt, ein Schmarrn.

(Beifall bei den GRÜNEN)

Die Gründe für das Wahldesaster waren andere. Um sie herauszufinden, braucht man keine großartigen Analysen und keine großartigen Wahlforscher: Die CSU ist für eine in vielen Fällen naturverachtende, menschenmissachtende, zukunftsgefährdende und teilweise auch hochnäsige und konzeptionslose Politik abgestraft worden – in den Kommunen, im Land und auch im Bund.

(Beifall bei den GRÜNEN, bei Abgeordneten der SPD und der Freien Wähler – Widerspruch bei der CSU)

Meine sehr verehrten Damen und Herren, sehr geehrter Herr Seehofer, wir GRÜNE geben Ihnen gerne Nachhilfe. Wir werden die nächsten Jahre dazu nutzen, um im Landtag die notwendigen Dinge klar anzusprechen. Ich will zwar nicht heute schon intensiver auf den Koalitionsvertrag eingehen, aber ich muss doch hierzu einige Dinge sagen. Klar ist, dass es erneut an den GRÜNEN hier im Landtag liegen wird, Position zu beziehen und zukunftsfähige Forderungen für unsere Umwelt einzubringen. So werden wir Klimaschutz und eine Energiewende einfordern; wir werden fordern, die Wirtschaft nach ökologischen Kriterien auszurichten und endlich auch die ländlichen Räume in die politische Verantwortung mitzunehmen, den gigantischen Flächenfraß in Bayern zu beenden; denn schließlich werden täglich 20 Hektar zubetoniert und unwiederbringlich zerstört. Wir werden als GRÜNE, wie schon in der Vergangenheit, konsequent unsere Positionen einbringen und einen Horst Seehofer zum Schwur bringen.

(Beifall bei den GRÜNEN)

Das bayerische Bildungssystem --

Präsidentin Barbara Stamm: Herr Kollege Daxenberger, gestatten Sie mir eine Zwischenbemerkung: Zur politischen Aussprache haben wir in der nächsten Woche genügend Zeit. Wir sind jetzt beim Tagesordnungspunkt „Wahl des Ministerpräsidenten", ja? – Bitte schön.

(Beifall bei der CSU – Dr. Sepp Dürr (GRÜNE): Das ist uns auch klar!)

Sepp Daxenberger (GRÜNE): Ich habe nur einige Ausführungen zu machen. Ich meine, es muss schon möglich sein, in der Aussprache klar zu machen, wo wir in der politischen Ausrichtung andere Positionen haben als der möglicherweise zu Wählende.

(Beifall bei den GRÜNEN und bei der SPD – Zuruf des Abgeordneten Dr. Sepp Dürr (GRÜNE)

Frau Präsidentin, meine Kolleginnen und Kollegen! Mir ist es schon wichtig, Folgendes klar zu machen: Wir müssen sehen, dass die Wahl von Horst Seehofer erst aufgrund des Wahldesasters der CSU möglich wurde. Das Wahldesaster hat aber mit einer verfehlten Politik zu tun. Dazu gehört auch das Bildungssystem. Dieses wurde im Koalitionsvertrag aber nur mit ein paar Kosmetika bedacht. Das bayerische Bildungssystem bleibt ungerecht und unsozial.

(Beifall bei den GRÜNEN)

Es nimmt unseren Kindern die Kindheit, es gefährdet den wirtschaftlichen Erfolg Bayerns.

Genauso ist im Koalitionsvertrag das Thema Gerechtigkeit kaum zu finden. Wir dürfen nicht zulassen – und das meine ich sehr ernst –, dass die Schere zwischen Arm und Reich noch immer weiter auseinandergeht.

(Christa Stewens (CSU): Das stimmt so nicht!)

Gerade auch in Bayern ist das der Fall. Wir können nicht zulassen, dass es in unserer Gesellschaft das größte Armutsrisiko darstellt, Kinder zu haben.

(Beifall bei den GRÜNEN)

Dass wir liebe Kolleginnen und Kollegen von der FDP uns von Ihnen nichts Großartiges erwartet haben, wird Sie nicht überraschen.

(Martin Zeil (FDP): Wir uns von den GRÜNEN auch nicht!)

Aber bei den Bürgerrechten hätten wir schon ein bisschen mehr erwartet.

(Beifall bei den GRÜNEN)

Das, was jetzt im Koalitionsvertrag steht, hätte die CSU sowieso machen müssen.

(Martin Zeil (FDP): Gilt das auch für Versammlungsrecht und Online-Durchsuchung?)

Ihr habt jetzt sozusagen der CSU dabei geholfen, anständig und ohne Gesichtsverlust aus diesem Debakel, aus den völlig überzogenen, in vielen Fällen auch verfassungsfeindlichen Positionen herauszukommen. Auch hier wurde mit dem Koalitionsvertrag deutlich und klar, dass wir GRÜNE im Landtag als Anwälte der Bürgerinnen und Bürger in Bayern gebraucht werden.

(Beifall bei den GRÜNEN)

Liebe Kolleginnen und Kollegen, wir hätten uns nach der Landtagswahl einen neuen Anfang hier im Landtag gewünscht. Horst Seehofer und dieser Koalitionsvertrag sind dieser Neuanfang nicht.

(Beifall bei den GRÜNEN)

Darum wird die Fraktion der GRÜNEN Horst Seehofer natürlich nicht wählen. Da wir aber eine freundliche Fraktion sind, haben wir für den unwahrscheinlichen Fall, dass Horst Seehofer heute doch zum Ministerpräsidenten gewählt werden sollte, ein Geschenk mitgebracht. Als ehemaliger Bürgermeister bin ich das Verteilen von Geschenkkörben gewöhnt. Der Geschenkkorb für Horst Seehofer weist aber einige Besonderheiten auf: Mais aus der gentechnikfreien Zone rund um den Waginger See, Honig von den Bienen, die im Frühjahr, Sommer hier im Maximilianeum Asyl gefunden haben, nachdem sie von den durch Horst Seehofer genehmigten Genmaisfeldern vertrieben worden sind, Zigaretten aus Schokolade, die man überall genießen kann, ohne jemand anderen belästigen zu müssen, eine Kernseife zum Reinwaschen von der Politik der Vorgänger – denn hier soll ja ein absoluter Neuanfang gemacht werden – und natürlich einen Wetterhahn. Er ersetzt in Zukunft den Finger, der bisher in den Wind gehalten wurde, um festzustellen, woher der Wind gerade weht.

(Beifall bei den GRÜNEN – Peter Winter (CSU): Soll das ein Neuanfang sein?)

Vor allem aber ist ganz wichtig, sehr geehrter Herr Seehofer: Er enthält genügend Knoblauch. Denn nach dem abrupten Ende der Karriere seiner Vorgänger sollte Herr Seehofer immer ein paar Knollen dabei haben, um sich allzu blutrünstige Parteifreunde vom Leibe zu halten.

(Heiterkeit und Beifall bei den GRÜNEN, bei der SPD und den Freien Wählern)

57

Sepp Daxenberger:
Landtagsgeschichten
Der Landtag auf Reisen

März 2009

Letzte Woche war eine sogenannte Informationswoche des Bayerischen Landtags.

Diese Informationswochen, die jedes Jahr zwei oder drei Mal stattfinden, werden dazu genutzt, dass die Abgeordneten sich auch außerhalb des Maximilianeums und außerhalb Münchens informieren und weiterbilden können. Sowohl die Landtagsausschüsse als auch die Fraktionen nutzen diese Möglichkeiten sehr gerne. Besonders die Ausschüsse verreisen sehr gerne. Viele der zwölf Landtagsausschüsse machen während der Legislaturperiode zwei bis drei Reisen nicht nur in Deutschland oder Europa, sondern steuern gerne mal recht exotische Ziele an, um sich etwa in China über die älteste Staatsverwaltung oder über die Fortschritte in der Umwelttechnik informieren zu lassen.

Da ich meine bayerische Heimat nur ungern verlasse, bin ich gar nicht so unglücklich, dass ich keinem Landtagsausschuss angehöre und damit wohl auch kaum Gelegenheit bekommen werde, im Dienste des Landtags ferne Länder bereisen zu müssen. Schon während meiner Landtagszugehörigkeit von 1990 bis 1996 hatte ich als Mitglied des Agrarausschusses Gelegenheit, auf Reisen zu gehen. Gerne nutzte ich bald nach den Mauerfall die Möglichkeit, mir in den neuen Bundesländern anzuschauen, wie dort die landwirtschaftlichen Produktionsgenossenschaften alles daran setzten, von ihren großen Einheiten nichts abgeben zu müssen und wie sich die kleinen „Wiedereinrichter" – diejenigen, die nach der Wende bäuerliche Familienbetriebe gegründet hatten – mit ihren kleinen Höfen abmühten.

Selbstverständlich bin ich auch gerne mitgefahren auf eine mehrtägige Informationsfahrt in die fränkischen Weinbaugebiete, in denen damals mit großem Aufwand Flurbereinigungen durchgeführt wurden. Der Informationsgehalt für meine Arbeit im Agrarausschuss des bayerischen Landtags erschloss sich aber für mich nicht, als eine Ausschussfahrt nach Spanien ging, um sich dort Landschafts- und Naturschutzgebiete anzuschauen. Das kulinarische Angebot war durchaus verlockend, aber ich wollte damals schon lieber in Bayern Politik machen, als in Spanien Tourist zu spielen und bin deshalb damals dieser Reise ferngeblieben.

Letzte Woche verreiste ich aber mit meiner Fraktion nach Berlin. Schließlich war dieses Mal ich selbst für diese Reise verantwortlich. Im Januar habe ich mit unserer grünen Bundestagsabgeordneten Christine Scheel ausgemacht, dass wir mal die Bundestagsfraktion besuchen wollen. Es hat sich in den letzten Jahren als sehr sinnvoll erwiesen, dass sich die Landtagsfraktion der Grünen mindestens einmal im Jahr mit den sieben bayerischen grünen Abgeordneten im Bundestag treffen. Diese Treffen fanden in der Vergangenheit immer in München statt und dienten dem Erfahrungsaustausch, vor allem aber der Abstimmung über gemeinsame Themen und gemeinsames politisches Handeln. Wenn wir aber schon den weiten Weg nach Berlin antraten, wollten wir die Zeit natürlich nutzen für weitere Fachgespräche über die bayerischen Vertreter hinaus.

Nach Berlin – mit der Bahn natürlich

Wie es sich für uns gehört, fuhr die ganze Fraktion mit der Bahn. Das ursprünglich geplante Kulturprogramm mit dem Besuch des Holocaust-Denkmals musste entfallen, weil wir die beiden Tage in Berlin so mit Terminen und Gesprächen vollgestopft haben, dass keine Zeit mehr blieb. So gab es neben den Gesprächen mit der bayerischen Landesgruppe und dem Vorstand der Bundestagsfraktion auch einen Presseabend in der bayerischen Vertretung in Berlin. Da zur gleichen Zeit auch die CSU-Bundestagsgruppe in der bayerischen Vertretung ihre Versammlung hatte, nutzte ich die Gelegenheit zu einem Gespräch mit der neuen Bundesagrarministerin Ilse Aigner. Wir kennen uns noch recht gut von unserer gemeinsamen Zeit im Landtag her. Neben der Diskussion über die aktuelle Agrarpolitik tauschten wir daher auch einige Erinnerungen aus. Am nächsten Tag gab es noch Fachgespräche zu den Themen Gesundheitspolitik, Gentechnik und Rechtsradikalismus.

Als Eindruck blieb mir, neben den zahlreichen Informationen aus den Gesprächen, vor allem der Gedanke, froh zu sein, nicht in diesem riesigen Politikbetrieb Bundestag arbeiten zu müssen. Die Gebäude sind schier unüberschaubar, die Wege weit und verschlungen. Man muss gut zu Fuß sein, wenn man im Bundestag arbeitet. Im Gegensatz dazu ist der Landtag richtig heimelig und vor allem überschaubar.

Der Bayerische Landtag, das Maximilianeum

58

Sepp Daxenberger:
Landtagsgeschichten
„Das ist mein schönstes Leben"

Mai 2009

Als Landtagsabgeordneter hat man immer wieder Erlebnisse, die einen bestärken und ermutigen, weiterzuarbeiten. Auch wenn man häufig das Gefühl hat, dass es unendlich zäh ist, als Oppositionspolitiker etwas zu bewegen. Gerade deshalb ist es besonders wichtig, sich an positiven Erlebnissen aufzubauen. Darum möchte ich heute von einem schönen Abend berichten:

Am letzten Wochenende wurde ich von der „Aktion Knochenmarkspende Bayern" zu einem großen Galaabend nach Landshut eingeladen. Da ich selbst als Stammzellen-Transplantierter seit fast zwei Jahren engen Kontakt zur „Aktion Knochenmarkspende Bayern" habe (die ihren Sitz in Gauting bei München hat), freute ich mich natürlich sehr auf diesen Abend. Ganz besonders, weil ich neben der Landtagspräsidentin, Frau Barbara Stamm, der einzige politische Redner dieses Abends war. Mein enger Kontakt und die Zusammenarbeit mit dem Leiter der „Aktion Knochenmarkspende Bayern", Herrn Dr. Knabe, kommt vor allem daher, dass ich ihn seit fast einem Jahr aktiv dabei unterstütze, eine Nabelschnurblut-Datenbank in Bayern aufzubauen. Die „Aktion Knochenmarkspende Bayern" (AKB) hat bereits vor zehn Jahren damit begonnen, die erste gemeinnützige Nabelschnurblutbank in Bayern aufzubauen. Diese Bemühungen und Anstrengungen, die mit erheblichem finanziellen Aufwand verbunden sind, finanzieren sich bisher ausschließlich durch Eigenmittel der AKB und durch Spenden.

Seit fast einem Jahr versuchen wir vergeblich, für diese hochinnovative Einrichtung staatliche Fördermittel zu erhalten. Denn zur Zeit verhält es sich folgendermaßen, dass für etwa ein Drittel der von Leukämie oder einer ähnlich gelagerten Erkrankung betroffenen Patienten keine passenden Spender für eine lebensrettende Transplantation in den weltweit vernetzten Knochenmark- und Stammzellendateien zu finden sind. Für diese gibt es seit einigen Jahren die Hoffnung, mit Nabelschnurblut stammzellen-transplantiert zu werden. Dieses Nabelschnurblut wird von Frauen nach der Geburt kostenlos zur Verfügung gestellt. Es gibt in Bayern bereits einige erfolgreich mit Nabelschnurblut transplantierte Patienten, denen es recht gut geht.

In den letzten Monaten kamen wir jedoch mit unseren Bemühungen weiter, nachdem in der Vergangenheit meine Anträge hierzu immer wieder auf die lange Bank geschoben wurden. Nun gelang es überfraktionell, in Zusammenarbeit mit Kolleginnen und Kollegen aus anderen Fraktionen des Bayerischen Landtags und bei Gesundheitsminister Markus Söder Unterstützung zu finden. Ich gehe davon aus, dass es in Kürze gelingen wird, für den Aufbau dieser effektiven Datenbank Geld locker zu machen. Es geht dabei um jährlich 500 000 €, welche die gemeinnützige AKB im Laufe der nächsten acht Jahre bräuchte – danach würde sich diese Datenbank selbst tragen.

„Da geht einem das Herz auf…"

Die Spenderfeier in Landshut mit rund 800 Personen – fast ausschließlich Knochenmark- bzw. Stammzellenspender mit ihren Familien – war für mich eine sehr bewegende Veranstaltung. Besonders, weil auch eine ganze Reihe von Stammzellenempfängern mit eingeladen waren, die an diesem Abend gemeinsam mit ihren Spendern aufgetreten sind. Wenn man mitbekommt, dass kleine Kinder heute wieder fröhlich durch die Halle hüpfen, deren Leben noch vor wenigen Jahren am seidenen Faden hing, dann geht einem das Herz auf – man weiß, das Leben ist schön! Und alle Menschen in dieser Halle in Landshut haben dies ebenso empfunden. Menschen, die ebenso wie ich, dank einer Stammzellentransplantation neue Kraft, neuen Lebensmut und vor allen Dingen eine Zukunft haben.

Wohl sehr viele sind an diesem Abend – ähnlich wie ich – beschwingt und glücklich aus der Veranstaltung gegangen. Wohl immer werde ich den Satz eines fünfjährigen Jungen in Erinnerung behalten, welcher vor drei Jahren transplantiert wurde. Er stand auf der Veranstaltungsbühne, an der Hand seinen etwa 40-jährigen Spender, und sagte:
„Das ist mein schönstes Leben!"

59

Rücktritts-Brief an die Fraktion, 8. Juni 2010

Liebe Kollegen und Kolleginnen,

nach Ende der Pfingstferien muß ich mich mit einem persönlichen Anliegen an die Fraktionsmitglieder wenden. Hiermit möchte ich Euch meinen Rücktritt zum nächst möglichen Termin vom Fraktionsvorstand der Landtagsfraktion bekannt geben.

Ich bitte um Verständnis für diesen Schritt, der mir nicht leicht gefallen ist, aber es muß jetzt sein. Ich habe derzeit nicht die Energie und die Kraft, die notwendig wäre, um die bisherige Arbeit im Fraktionsvorstand weiter zu leisten. Ich habe es mir eigentlich nie wirklich vorstellen können, daß es eine Situation geben wird, wo andere Dinge weit über der Politik stehen. Jetzt ist die Situation gekommen. Das bisschen Kraft und die wenige Energie, die ich noch habe, verbrauche ich für mich und meine Familie. Mehr habe ich derzeit nicht, tut mir leid.

Es ist schon komisch, wenn man als leidenschaftlicher Politiker plötzlich mitgekommt, daß Vieles, was einem bis vor kurzem wichtig war und interessiert hat, plötzlich für einen völlig uninteressant ist. Es fällt mir nicht leicht.

Ich habe mir bis vor kurzem gedacht, ich bin ein harter Hund und steck alles weg. Aber die Grenzen sehe ich derzeit allzu deutlich und ich muß auch Schwäche zulassen können.

Herzliche Grüße und danke,

Sepp Daxenberger

60

Plenarsitzung im Bayerischen Landtag
Aussprache zum Thema: Verunreinigtes Mais-Saatgut auf Bayerns Feldern

10. Juni 2010

Letzter Auftritt im Landtag

Zweiter Vizepräsident Franz Maget: Hierzu gibt es eine gemeinsame Aussprache. Ich freue mich besonders, dass der erste Redner Herr Kollege Daxenberger ist. Sepp, du hast das Wort.

(Allgemeiner lang anhaltender Beifall)

Sepp Daxenberger (GRÜNE): Herr Präsident, liebe Kolleginnen und Kollegen! Es ist mir fast zu viel der Ehre, wenn hier geklatscht wird, denn dann verliere ich meine Beißhemmung und es wäre schlecht, wenn ich die nicht mehr hätte. Vielleicht geht es aber noch ein bisschen.

(Allgemeiner Beifall)

Liebe Kolleginnen und Kollegen, wir müssen uns hier im Hohen Haus immer wieder mit den Thema Agrogentechnik beschäftigen, leider mit gutem Grund. Es gibt immer wieder Anlässe und Situationen, die es notwendig machen, dieses Thema und die daraus resultierenden Folgen hier im Haus zu diskutieren. Letzte Woche ist erneut eine Agrogentechnik-Bombe geplatzt. Es wird immer deutlicher, dass hinter solchen Zwischenfällen eine klare Taktik der Agrogentechnik-Industrie steckt.

(Allgemeine Unruhe – Glocke des Präsidenten)

Die Agrogentechnik-Mafia verfolgt die Taktik, schleichend, heimlich, illegal und kriminell Fakten zu schaffen, an denen irgendwann niemand mehr vorbeikommt. Es geht darum, und darum geht es auch bei diesem Antrag, nicht zuzulassen, dass andere Fakten schaffen, an denen wir möglicherweise irgendwann nicht mehr vorbeikommen.

(Beifall bei den GRÜNEN)

Das Motto, nach dem hier gespielt wird, lautet: Kaum jemand hat es gewollt, aber wenige Interessierte haben Tatsachen geschaffen. Es darf am Schluss nicht heißen: Die Politik hat zugeschaut. Was ist passiert? – In sieben verschiedenen Bundesländern wurde auf insgesamt 800 Hektar gentechnisch verseuchter Mais ausgebracht. Das Saatgut wurde illegal ausgebracht, denn es gab und gibt hierfür keine Zulassung. Ich möchte sogar noch einen Schritt weitergehen. Das war weder Zufall noch Versehen, sondern das war ein bewusster krimineller Akt, um ganz bewusst Tatsachen zu schaffen. Hierüber müssen wir uns unterhalten.

(Beifall bei den GRÜNEN und der SPD)

Das Traurige daran ist aber, und deshalb liegt heute unser Antrag mit dem Ziel vor, von der Staatsregierung einen umfassenden Bericht und Aufklärung zu erhalten, dass all dies angeblich ohne das Wissen der Staatsregierung und ohne das Wissen der zuständigen Behörden passiert ist. Wir möchten wissen: Was war wirklich bekannt? Wer hat wann gehandelt oder auch nicht gehandelt? Angeblich wurde das Saatgut auch ohne Wissen der zuständigen Bundeslandwirtschaftsministerin Ilse Aigner ausgebracht. In jedem Fall aber ist das geschehen gegen den Willen der absoluten Mehrheit der Verbraucherinnen und Verbraucher, gegen die absolute Mehrheit der Bäuerinnen und Bauern und gegen die absolute Mehrheit der politischen Vertreterinnen und Vertreter, davon gehe ich zumindest hier im Hause aus. Ich möchte mich deshalb insbesondere an die Kolleginnen und Kollegen der CSU wenden, aber auch an die wenigen Hartleibigen in der FDP-Fraktion, die nach wie vor der Meinung sind, Gentechnik sei super und toll. Was in der letzten Woche passierte, muss auch dem Letzten klar gemacht haben: Eine Koexistenz funktioniert nicht. Wer heute sagt, Koexistenz sei ein Ausweg, sei die richtige Richtung, der irrt. Spätestens jetzt muss er erkennen: Er wurde auf die falsche Fährte geführt.

(Beifall bei den GRÜNEN)

Wer bis jetzt geglaubt hat, ein friedliches Miteinander sei möglich und die einzelnen Verbraucherinnen und Verbraucher oder auch Bäuerinnen und Bauern könnten handeln, wie sie wollen, der muss feststellen: Mit diesen Aktionen, die wir ständig erleben, wird das ad absurdum geführt. Der Unsinn wird immer deutlicher. Eines ist klar und deutlich notwendig: Man muss eindeutig Nein sagen. Entweder man sagt Ja, dann muss es einem aber klar sein, dass über kurz oder lang überall gentechnisch veränderter Mais wächst. Ein Nebeneinander, eine Koexistenz, funktioniert nicht. Das müssen wir alle endlich kapieren. Man kann nur entweder Ja, Ja, oder Nein, Nein sagen. Wir sagen eindeutig Nein, Nein zur Agrogentechnik.

(Beifall bei den GRÜNEN, der SPD und den Freien Wählern)

Ich habe schon vorhin gesagt, ich bin der festen Überzeugung, dass dies kein Versehen war. Ich denke, hier hat ein großes Stück kriminelle Energie dazu geführt, dass auf so viel Fläche illegal gentechnisch veränderter Mais angebaut wurde. Das Ziel ist klar. Es sollen Fakten geschaffen werden, die Flächen sollen schleichend kontaminiert werden. Ich kritisiere deshalb auch die Staatsregierung, zumindest die gleichgültige Ignoranz, die uns vonseiten der Staatsregierung begegnet, aber auch vonseiten der Bundesregierung. Staatsregierung und Bundesregierung nehmen zumindest billigend in Kauf, dass durch Nichtstun, durch Wegschauen und durch Gleichgültigkeit Fakten geschaffen werden. In diesem Zusammenhang kritisiere ich auch den für Bayern zuständigen Umweltminister Markus

Söder, der jede Gelegenheit wahrnimmt, um auf Marktplätzen, bei Veranstaltungen, aber auch hier im Parlament populistisch darzulegen, die Staatsregierung sei selbstverständlich gegen Agrogentechnik. Er behauptet, Agrogentechnik habe in der Landwirtschaft, in den Nahrungsmitteln nichts verloren. Er behauptet auch, die Staatsregierung sei gegen Patente auf Tiere. Wenn es aber konkret darum geht, etwas zu tun, dann passiert nichts. Seit ich hier im Hause bin, vermisse ich konkretes Handeln, konkrete Maßnahmen. In dieser Beziehung habe ich hier leider noch nichts erlebt.

(Beifall bei den GRÜNEN)

Im vorliegenden Fall ist Umweltminister Söder vergangene Woche auf Tauchstation gegangen. Er hat auch dafür gesorgt, dass die ihm untergeordneten Behörden, Anstalten und Beauftragten nicht in der Lage waren, zu reagieren. Sie wurden im Übrigen bisher noch immer nicht in die Lage versetzt, dieses Vorgehen der Saatgutfirmen, allen voran Pioneer, zu unterbinden. Minister Söder ging auf Tauchstation, versuchte allenfalls zu beschwichtigen und zu beruhigen. Bis heute aber hat er nichts zu der Frage gesagt, wer eigentlich für die Kosten zuständig ist, wer die Haftung zu tragen hat.

Ich bitte Sie alle eindringlich, nicht zu beschwichtigen oder abzuwiegeln. Es besteht eine konkrete Gefahr für unsere Natur, unsere Landwirtschaft und für unsere Verbraucherinnen und Verbraucher, wenn nicht endlich gehandelt wird, wenn weiterhin nur geredet wird.

(Beifall bei den GRÜNEN)

Meines Erachtens gibt es darauf nur eine Antwort: Agrogentechnik hat auf unseren Feldern, in unseren Lebensmitteln und auf dem Freiland nichts verloren. Wer für Bayerns Bäuerinnen und Bauern Gutes tun will, der legt diesen Verbrechern das Handwerk, und zwar besser heute als morgen.

(Beifall bei den GRÜNEN)

61

Claudia Roth, Bundesvorsitzende Bündnis 90 / Die Grünen

Rede zur Trauerfeier für Sepp Daxenberger

am 21. August 2010

Lieber Felix, Kilian, Benedikt,
liebe Eltern, Geschwister, Familie, Freunde,
lieber Sepp,

in diesen Tagen, in denen uns die Trauer in solcher Wucht und Gewalt fast übermannt – in denen wir fassungslos sind und auf das Warum keine Antwort finden können – in diesen Tagen, lieber Sepp, in denen wir Dich in Gedanken noch einmal erleben in so vielen gemeinsamen Momenten – da erinnere ich mich an die Figur des Franz von Assisi, die ich im Ulmer Kloster so bewundert habe. An Dich denkend sehe ich den Bettelmönch, umringt von Tieren und Pflanzen und erfüllt von grenzenloser Liebe, die in ihm ist.

So, wie Franz von Assisi sich im Sonnengesang, im Lob der Schöpfung ausdrückt: „Gelobt seiest Du, mein Herr, mit all Deinen Geschöpfen, gelobt auch die Schwester Sonne, der Bruder Mond und die Sterne am Himmel, hell leuchtend, kostbar und schlau. Gelobt durch Mutter Erde, die uns ernährt und trägt und gefüllt ist mit Früchten, Blumen und Kräutern, mit saftigen Auen, dem Feuer, dem Wind, der Luft, dem klaren Wasser. Quell des Lebens – von ihm geschaffen für seine Kinder in seiner grenzenlosen Liebe."

Die Schöpfung bewahren, – das wolltest Du, lieber Sepp, mit all Deiner Kraft und aus Deinem Glauben heraus, ohne menschliche Hybris – als Mensch, als Teil des Ganzen.

„Wir haben die Erde von unseren Kindern nur geborgt" – das war Dein Leitmotiv, Dein Antrieb. Dafür hast Du gekämpft, damit Zukunft nicht für ein paar Silberlinge verhökert wird.

Bewahren und erhalten: Dein Paradies auf Erden, den Hof, die Tiere, die Obstbäume, den See, die Felder, die Berge, Waging bewahren, die atemberaubende Schönheit und den Reichtum Deiner Heimat.

Sepp, Du hast sie vielen von uns gegeben. Mir auch. Heimat – nicht nur, aber auch geographisch. Heimat, wo ich dazugehöre, wo ich gebraucht werde. Heimat, die nicht ausgrenzt, sondern offen ist und einladend. Heimat Bayern. Du hast geholfen, sie uns anzueignen. Sepp, und Du bist Bayern, echt, authentisch und identisch – wahrhaftig. Verantwortung für die Zukunft übernehmend, solidarisch nach innen und außen und in einer Welt. Und damit hast Du die bayerischen Grünen geprägt und uns ein unverwechselbares Gesicht gegeben.

Goaßlschnalzer, Torwart, Feuerwehrmann – aber Grüner? So fing das an vor 26 Jahren im Gemeinderat. Das aber ist verschwunden – Grün bist Du geblieben. Und wie – wie erfolgreich. Mit 28 Jahren im Landtag – was so mancher damals als Irrtum der Geschichte abtun wollte. Und dann 1996 der erste grüne Bürgermeister in Bayern, hier in Waging.

Beim Fest zum Zehnjährigen durfte ich sie spüren, die Anerkennung und Zuneigung der BürgerInnen zu ihrem Sepp, für Deine Arbeit, die Du unkonventionell anpackend mit großem Sachverstand erfolgreich geleistet hast.

Sepp, Politik war Dein Leben und hat Dich schier verschlungen – einen hohen Preis dafür hast nicht nur Du bezahlt. Aber sie war Dein Leben. Du warst kein intellektueller Theoretiker, sondern ein visionärer Pragmatiker: Der Bauer, der pflanzt, damit es wachsen kann. Der Schlosser, der heiße Eisen schmiedet, der mit Kraft, Schweiß, Anstrengung Formen gestaltet. Das wolltest Du: Gestalten. Du wolltest Macht nicht um der eigenen höheren Ehre willen, sondern um machtvoll zu verändern, ganz ohne ideologische Schützengräben. Macht für das Gemeinwohl, nicht Eigennutz.

Lieber Sepp, Du hast die Menschen wie kaum ein anderer erreicht, weil Du nicht von oben agiert hast, sondern weil Du mittendrin warst. Das war Dein Ort – bei den Menschen. Weil Du immer einer von ihnen gewesen bist, fest auf dem Boden. Du hast wie kaum ein anderer Menschen begeistert, mitgenommen, bewegt. Sie haben Dir zugehört, weil Du auch ihnen zuhören konntest. Sie haben Dir vertraut und geglaubt, weil Du mit dem Herzen gesprochen hast – voller Empathie für jede/n, ohne Falsch, ohne Selbstliebe, ohne Überheblichkeit. Du warst ein begnadeter Redner im Parlament und bei den Milchbauern und den Migranten, bei unzähligen Veranstaltungen.

Und Sepp, Du hast gezeigt, was politische Kultur ist, die sich leidenschaftlich mit dem politischen Gegner auseinandersetzt, aber ohne Feindbilder auskommt. Du hast Politik gemacht mit klaren und deutlichen Worten, aber eben auch mit Humor, Ironie und immensem Respekt. Und Sepp, Du bist für mich und viele Vorbild und Anker für unbestechliches Engagement in einer Zeit, wo manche ihre Meinung schnell wechseln und Werte käuflich erscheinen.

Sepp, Du hast Menschen bewegt, weil Du Menschen geliebt hast – in guten und in schlechten Zeiten. Ein gestandenes Mannsbild. Schön in seiner Stärke. Eben auch stark in all seiner zarten Zerbrechlichkeit. Dass Du Deine Krankheit nicht tabuisiert hast, hat anderen Hoffnung gegeben und Mut gemacht, das Leben zu lieben – auch mit der Endlichkeit vor Augen.

Wir können den Schmerz nicht von den Menschen nehmen, die Sepp liebten. Aber wir können eines versprechen: Wir werden Sepps Engagement weiterführen, wir wollen uns nicht anpassen an einen glatten Mainstream, sondern ganz eng bleiben bei den Menschen – ihren Sorgen und Ängsten, aber auch ihren Ideen und ihrer Kreativität. Wir wollen unser Wertefundament verteidigen, für das soziale Gerechtigkeit, Freiheit im Mittelpunkt stehen – und die Umwelt der Menschen und jeglicher Kreatur.

Lieber Sepp, wir werden alles tun, damit Dein großes Anliegen Wirklichkeit wird: Eine Welt, die ein besserer Ort ist für alle Menschen. Für die, die heute leben und die, die nach uns kommen. Sepp, Du hast uns vorgelebt, dass Menschlichkeit möglich ist in einer Welt, die viel zu kalt und gleichgültig ist. Das Vorbild, das große, das Du uns warst, wird weiterleben. Das verspreche ich Dir von Herzen – im Namen Deiner ganzen grünen Partei.

62

Barbara Stamm, Präsidentin des Bayerischen Landtags

Rede zur Trauerfeier für Sepp Daxenberger

am 21. August 2010

Liebe Familie Daxenberger,
liebe Angehörige,
Herr Ministerpräsident,
liebe Trauergemeinde!

Es fällt mir sehr schwer, in dieser Stunde das Wort zu ergreifen.

Noch immer ist es unfassbar für uns alle, dass wir heute von Sepp Daxenberger Abschied nehmen müssen. Wir wussten, dass seit Jahren eine heimtückische Krankheit an seinen Kräften zehrte – trotzdem hat uns die Nachricht von seinem Tod tief betroffen. Sepp Daxenberger war eine Kämpfernatur. Er trug sein Schicksal tapfer, mit Würde, ohne zu klagen. Als dann auch seine Frau Gertraud schwer erkrankte, stand er ihr mit all der Kraft bei, die er noch hatte. Umso schwerer muss es ihn getroffen haben, als sie am vergangenen Sonntag ihrem Leiden erlag. Danach hatte auch er keine Kraft mehr.

Worte können Schmerz und Trauer weder erfassen, noch lindern – aber sie können und sollen zeigen, dass wir von ganzem Herzen Anteil nehmen. Anteil nehmen an dem schweren Verlust, den die Kinder und die Angehörigen von Sepp und Gertraud Daxenberger erlitten haben. Ich darf Ihnen, liebe Familie Daxenberger, im Namen der Bayerischen Landtags und auch ganz besonders persönlich mein herzliches Beileid und mein Mitgefühl aussprechen.

Man sagt: Das Leben wird nicht nach Jahren gezählt, sondern nach Taten gemessen. Das ist wahr. Denn das an Jahren leider viel zu kurze Leben von Sepp Daxenberger war reich an Taten für andere Menschen.

Das kann im engsten Kreis seine Familie am besten nachempfinden – vor allem seine drei Söhne Felix, Kilian und Benedikt. Seine Kinder haben ihm viel bedeutet. Sie waren es auch, die ihm zusammen mit seiner Frau in den letzten Jahren seines Lebens immer wieder Kraft und Zuneigung und neuen Mut gegeben haben. Für ihn war es aber auch ein wertvoller Trost, zu wissen, dass sich in den besonders schweren Zeiten die Großeltern um ihre Enkel kümmern, sie liebevoll versorgen und dass die Familie zusammenhält.

Neben der Familie galt sein Einsatz seiner Heimat, der er als Mensch und Politiker immer eng verbunden war. Sepp Daxenberger hatte mit 24 Jahren von seinen Eltern den Bauernhof übernommen. Er stellte ihn auf ökologischen Landbau um, und er hat ihn nie aufgegeben. Der Hof – das war seine „Erdung". Deshalb setzte er sich aus tiefster Überzeugung auch politisch schon früh für den Erhalt der bäuerlichen Landwirtschaft und für eine gesunde Umwelt ein.

Damit bin ich beim dritten und weitesten Kreis seines Wirkens. Das war die Kommunal- und Landespolitik, die er mit Leidenschaft betrieb und die für ihn, wie er einmal sagte, „positiver Stress" war. Schon seit 1982 war er Mitglied der Grünen, und seit Mai 1984 gehörte er ununterbrochen dem Kreistag Traunstein an. Im Oktober 1990, also vor rund 20 Jahren, wurde Sepp Daxenberger dann zum ersten Mal in den Bayerischen Landtag gewählt.

Der Abgeordnete Daxenberger war wie der Mensch: immer authentisch, geradlinig und ganz einfach „er selbst". Er verstand und pflegte die Sprache des Volkes, dessen Vertreter er war – auch wenn sich in den Plenarsitzungen manche Gast-Stenographen von außerhalb Bayerns schwer damit taten. Er trug einen Lederrucksack, in dem er oft auch Schafkopfkarten mit dabei hatte.

Er führte keine ideologischen Debatten, sondern er war ein Kollege, dem Missfallen, Streit und Rechthaberei zuwider waren und der einen Disput auch einmal in Lachen auflösen konnte.

Ein Beispiel: Seine erste große Rede im Plenum hielt er am 19. März '91. Damals war es noch ungewöhnlich, wenn man buchstäblich so „hemdsärmelig" wie er ans Mikrofon trat. Aber er ließ sich nicht beirren und sagte gleich zu Anfang: „Beruhigt's euch, seid's friedlich, dann dauert's net so lang."

Sepp Daxenberger war ein aufrechter und glaubwürdiger Parlamentarier. Seine Arbeit im Landtag war geprägt von seiner Persönlichkeit: Menschlich anständig, heimatverbunden, klug, gerecht und vorausschauend setzte er sich für die Ziele ein, die er als richtig erkannt hatte. Dabei hatte er eine klare Wertorientierung: die Achtung vor anderen und vor der Schöpfung standen für ihn an erster Stelle. Er brachte zahlreiche Anträge und Initiativen im Parlament ein und wies immer wieder auf Missstände hin.

Die Menschen in seiner Heimat haben seinen vorbildlichen Einsatz mit ihrem Vertrauen belohnt. Sie wählten ihn 1994 erneut in das bayerische Parlament und zwei Jahre später zum Bürgermeister von Waging. Er war der erste Grüne hauptamtliche Bürgermeister Bayerns – damals eine Sensation, die auch über Bayern hinaus Beachtung fand. 12 Jahre lang, bis 2008, übte er das Amt mit großem Erfolg zum Wohle der Gemeinde aus.

Danach kandidierte er erneut für den Landtag. Noch immer war er eine Ausnahmegestalt in der bayerischen Politik: bodenständig, markant, charismatisch, scheinbar unerschütterlich – aber zugleich strahlte er auch etwas Verletzliches aus, seit er den Kampf gegen den Krebs aufgenommen hatte. Als er im Oktober 2008 das Amt des Fraktionsvorsitzenden von Bündnis 90/Die Grünen im Landtag übernommen hatte, schien es, als kehrten seine Kräfte zurück. In der für ihn typischen trockenen Art sagte er damals: „Bäume ausreißen kann ich noch nicht, aber das tun wir Grünen eh nicht." Wir, seine Landtagskolleginnen und -kollegen, freuten uns immer sehr, wenn wir ihn in dieser schweren Zeit im Maximilianeum sahen und wenn er Zuversicht ausstrahlte.

Aber schon bald erlitt er einen Rückfall. Trotzdem hat er bis zuletzt seine Pflichten als Abgeordneter vorbildlich erfüllt.

Ich persönlich habe größten Respekt davor, wie tapfer er mit seiner Krankheit und mit seinem Schicksal umgegangen ist. Über die Jahre hinweg sind wir uns in gegenseitiger Achtung und enger menschlicher Verbundenheit begegnet. Sepp Daxenberger war ein Mensch und Kollege, den ich gerne früher gekannt – und später verloren hätte.

Es war ein bewegender Moment, als er im vergangenen Juni, einen Tag nach seinem Rücktritt vom Fraktionsvorsitz, im Landtag noch einmal an das Rednerpult trat. Es sollte das letzte Mal sein. Alle Abgeordneten, über die Fraktionsgrenzen hinweg, begrüßten ihn mit langem Beifall. Das war ihm gar nicht recht. „Es ist mir fast zuviel der Ehre", sagte er, „wenn hier geklatscht wird." Aber ich glaube, irgendwie hat es ihn wohl doch gefreut.

Liebe Familie Daxenberger, liebe Trauergemeinde!

„Gott nimmt nicht die Lasten, sondern stärkt die Schultern."

Sepp Daxenberger hatte starke Schultern – und ich wünsche auch Ihnen, liebe Angehörige, viel Kraft, diesen schweren Schicksalsschlag zu tragen, und Gottes Hilfe für den weiteren Weg.

Was uns heute, am Tag des Abschieds, bleibt, ist der Dank, der einem erfüllten, aber viel zu kurzen Leben gilt, das doch von großer Tiefe war.

Der Herr schenke Sepp Daxenberger und seiner Frau Gertraud die Ewige Ruhe!

63

Hans Urbauer

Trauerrede für Sepp Daxenberger

am 21. August 2010

Liebe Familie Daxenberger!
Verehrte Trauergemeinde!

Mit dem Sepp tragen wir heute einen Freund zu Grabe, mit dem wir eine interessante, spannende, und auch sehr erfolgreiche Zeit gemeinsam durchleben durften. Es waren etwa drei Jahrzehnte!

Der Sepp war eine außergewöhnliche Persönlichkeit – belächelt und bekämpft am Anfang, umworben und bewundert als Bürgermeister von Waging.

Schon fast kultmäßig verehrt während seiner schweren Krankheit und den Erfolgen seiner Grünen Partei.

Wie würde der Sepp damit umgehen, wenn er die unglaubliche Resonanz miterleben dürfte?

Er würde sagen: „Schee, dass so vui kemma sand. Globt habts mi aa gscheit – des hot mi sakrisch gfreit!"

Der Sepp würde aber auch sagen: „Liabe Leit, es gibt no an Hauffa zum erledigen, unbandig vui zum doa!" Da dürfma koa Zeit verliern, mia miaßn opacka.

„Mia miaßn unsa Heimat dahoitn!" Des geht nur mit de Bauern. Vor allem de Muichbauern brauchan an gscheidn Preis, um überlem zu könna. Nur so könn ma dann a unsa schöne Landschaft dahoitn.

„De Gentechnik hat in unsare Lebensmittel und in der Natur nix zum suacha." Vo dem Zeugs laßt si nix mehr zruckhoin.

De Gentech-Konzerne miaß ma in de Schrankn verweisn, dene miaßn mia zoagn, wer oschafft. Und net umkehrt.

„Den Energie-Bereich miaß ma selber in d'Hand nehma!" Einsparen, regenerative Energie erzeugn, Energie effizient und intelligent nutzn – so könn ma und miaß ma alle Atomkraftwerke umgehend abschoitn!

Oa Tschernobyl is bereits oans zu vui!

Da große Autobahn-Ausbau, da Donauausbau und einiges mehr sind unverantwortlich. De Projekte entspringan der Denkweise vo gestern. Des olles is nimma zeitgemäß. Do miaß ma umdenga.

Mia olle mitanand miaßn wieda ofanga, uns in der Politik mehr um d'Leit zu kümmern. Um unsere Menschen geht's, net um Aktienkurse, Fondsmanager, Bankenverscherbler und ähnliche Abzocker.

Da Sepp hot de Themen, hot des Programm selber glebt und verkörpert.

Am Sepp waar wichtig, dass ma seine Ideen jetzt weiterführen!

A jede und a jeder Einzelne, quer durch de Parteien und Gruppierungen.

Zum Schluß noch ein ganz, ganz herzlicher Dank an die Eltern vom Sepp.

Dass ihr eahm an Rücken freighaltn habt, dass ihr eahm Arbeit am Hof obgnomma habt, und eahm unterstützt habt. Und damit sein Werdegang eigentlich erst ermöglich habt.

Ein ganz herzliches Vergelts Gott auch der Gertraud für die große Leistung auf dem Bauernhof, für de Kinder, und aa im kirchlichen Leben.

Und a besonderer Dank natürlich unserem Freund, dem Sepp, für die vielen Jahre, die wir miteinander erleben ham derffa.

Du bleibst unter uns, auch wenn du körperlich nicht mehr dabei bist.

64

Stimmen

„Am Ende vom Gottesdienst sagt der Pfarrer immer: Gehet hin und bereitet Freude! Über diesen Satz hab ich mich früher oft aufregen müssen. Wie sollen wir immer Freude bereiten, wo doch jeder zu tun hat, daß er mit seinem eigenen Krampf fertig wird. Aber irgendwann ist mir aufgefallen, daß ich mich immer freue, wenn mir der Daxei übern Weg läuft. Der is gwiß net in der Friah aufgstandn, um Freude zu bereiten.

Daxenberger ist stets ein offener, ehrlicher und lebenslustiger Mensch gewesen, den jeder gern haben mußte. Er ist immer einer von uns geblieben, der gewußt hat, wo sein Elternhaus und seine Heimat sind. Die Waginger vergessen ihn nicht und sagen ihm ein aufrichtiges Vergelt's Gott. Pfüat di God, Sepp!"

Sepp Egger (Trauerrede)

„Wir trauern um Gertraud und Sepp Daxenberger. Wir können immer noch nicht ganz erfassen, daß sie nicht mehr unter uns sind. Sie beide haben uns in ihrem viel zu kurzen Leben etwas vorgelebt, das nachahmenswert ist: Wir denken in dieser Stunde an die Gertraud, die in ihrer Rolle als Mutter, Ehefrau und Bäuerin aufgegangen ist. Und wir denken genauso an den Sepp, der uns mit seinem Mut, seinem Engagement und seinem Optimismus stets Beispiel und Ansporn war.

Dafür danken wir ihnen und im Andenken an sie wollen wir darum bitten, daß wir, jeder einzelne von uns ähnlich viel Kraft und Durchsetzungsvermögen aufbringen möge wie die beiden.

Damit wir an dem Platz, an den wir gestellt sind, nach dem Beispiel von Gertraud und Sepp einen aktiven Beitrag dazu leisten können, daß die Welt ein Stückchen besser wird und daß sie für uns, für unsere Kinder und die nächsten Generationen lebenswert bleibt."

Hans Eder (Fürbitte)

„Ein Mann aus dem Volk, ein Mann für das Volk. Er war von einer aussterbenden Gattung Politiker, die dem Bürger dienten. Nicht dem eigenen Geldbeutel und dem parteipolitischen Geplänkel. Ruhe in Frieden, Sepp. Du lebst in unseren Herzen weiter."

Reiner Seidl (Kondolenzbuch)

„Am liebsten war ihm jeden Tag abends im Bierzelt Wahlkampf, das war für ihn ein Hochamt."

Theresa Schopper
Landesvorsitzende Bündnis 90/Die Grünen (Trauerrede)

„Sepp Daxenberger hat die bayerischen Grünen geprägt, er war ein besonderer, einzigartiger Mensch. Weil er total unverstellt war, stimmig, bis hin zur Sprache. Und weil er alles sehr nahe an sich rangelassen hat. Wenn jemand zu ihm gekommen ist, hat er geholfen. Seine Frau hat immer gesagt: Sepp, Du hast einen Sprachfehler – Du kannst nicht Nein sagen."

Margarete Bause
Fraktionsvorsitzende von Bündnis 90/Die Grünen
im Bayerischen Landtag (Interview)

„S Paradies is für mi net a Insel in der Karibik. S Paradies is für mi mei Hof mit de Tiere und die Hügel um an Waginger See."

Sepp Daxenberger

Textverzeichnis

Kapitel 1 bis 1982

1 „Mei kloaner Draam" aus: GRTZLPFTZ Bayrisch Rock. Texte zum Mitlesen, 1982

2 „Da Wald" aus: Wecker Nr. 3, 1980, Seite 16

3 „Kinderglück" aus: Kulturwecker, o. J. (1981), Seite 33

4 „Gebet" aus: Kulturwecker, o. J. (1981), Seite 37

5 „Ich träume…" aus: Kulturwecker o. J. (1981), Seite 39

6 „Ruhe sanft, oh liebe Jugend" aus: Wecker Nr. 3, 1980, Seite 7 – 10

7 „Aus is" aus: Kulturwecker, o. J. (1981) Seite 42

8 „Bionahrung" – Was ist das? aus: Wecker Nr. 4, 1981, Seite 17 – 19

9 „Bundestag jetzt auch wach" aus: Wecker 4, 1981, Seite 20

Kapitel 2 1982 – 1996

10 Antrag auf Anerkennung als Kriegsdienstverweigerer: Begründung (Handschrift aus dem Nachlass)

11 Mehr Information und Mitbestimmung für Waginger Bürger, aus: Die Grünen: Kommunalwahlprogramm und Kandidaten für Waging am See, undatiert (1984)

12 Mehr Mitbestimmung für den Bürger – Direkte Demokratie, aus: Die Grünen: Programm für die Kommunalwahl (Kreistag) (undatiertes Schreibmaschinen-Manuskript aus dem Nachlass)

13 Kandidatur als Landrat 1990: Energie – Ökologie – Phantasie (Wahlplakat)

14 Plenarprotokoll 12/12 vom 19.3.1991, Seite 641 – 642

15 Plenarprotokoll 12/17 vom 25.4.1991, Seite 962

16 Plenarprotokoll 12/17 vom 25.4.1991, Seite 964

17 Die gestohlenen Würste (undatiertes Schreibmaschinen-Manuskript aus dem Nachlass)

18 Fragebogen zur Serie „Leute von heute" Originaltext aus der Südostbayerischen Rundschau (14.8.1993)

19 Alles Politik oder was? (undatiertes Schreibmaschinen-Manuskript aus dem Nachlass)

20 Pressemeldung der Grünen im Bayerischen Landtag zur Mistgabel-Verleihung (2.3.1994)

21 Kandidatur für Landtag 1994, Werbeflyer

22 Zivilcourage (Auszug, undatiertes Schreibmaschinen-Manuskript aus dem Nachlass)

23 Rede zum Agrarhaushalt 1995/96 im Bayerischen Landtag. Plenarprotokoll 13/17 vom 28.4.1995, Seite 990 – 993

Kapitel 3 1996 – 2008

24 Bürgermeister-Kandidatur 1996 (Werbeflyer)

25 Interview von Ina Lambach aus dem Alt-Neuöttinger Anzeiger, Nr. 183, Seite 9, erschienen am 9.8.1996

26 – 55 Waginger Seeblattl. Herausgegeben von der Marktgemeinde Waging am See. Waging: Liliom Verlag 1996 – 2008

Kapitel 4 bis 2010

56 Rede anlässlich der Wahl und Vereidigung des Ministerpräsidenten Horst Seehofer. Plenarprotokoll 16/3 vom 27.10.2008, Seite 87 – 90, www.bayern.landtag.de

57 Landtagsgeschichten: „Der Landtag auf Reisen". Südostbayerische Rundschau vom 28.3.2009

58 Landtagsgeschichten: „Das ist mein schönstes Leben". Südostbayerische Rundschau vom 9.5.2009

59 Rücktritts-Brief an die Fraktion, 8.6.2010

60 Rede im Bayerischen Landtag. Plenarprotokoll 16/49 vom 10.6.2010, Seite 4128 – 4130

61 Claudia Roth: Rede zur Trauerfeier für Sepp Daxenberger, 21.8.2010

62 Barbara Stamm: Rede zur Trauerfeier für Sepp Daxenberger, 21.8.2010

63 Hans Urbauer: Rede für Sepp Daxenberger, 21.8.2010

64 Stimmen

Bildnachweis

Sofern hier nicht anders angegeben, stammen die Fotos aus dem Nachlass.

Seite	51	BR Studiofotograf
	58	Ina Lambach
	63	Günter R. Müller
	97	Josef Göpperl
	98	Herbert Matzelberger
	109	Josef Göpperl
	125	Fraktion Bündnis 90 / Die Grünen im Bayerischen Landtag (Foto: Bärbel Schmitt)
	125	Bündnis 90 / Die Grünen in Bayern, Landesgeschäftsstelle
	128	Hermann Eschenbeck
	129	Hannes Höfer
	130, 131	Heike Talhammer
	133	Wolfgang Wörner
	133	Marianne Herbst
	133	Hannes Höfer
	142	Fraktion Bündnis 90 / Die Grünen im Sächsischen Landtag
	145	Rolf Poss

Nicht alle Rechteinhaber konnten ermittelt werden.
Bei etwaigen Rechtsansprüchen wenden Sie sich an den LILIOM Verlag.

Gedenkfeier für Sepp Daxenberger am 18. August 2011, Aichbauer, Petting.